見て、読んで、買ってもらえる
コトバの作り方

セールスコピー
大全

セールスコピーライター
大橋一慶

1分でセールスコピーの
本質がわかるワーク

問題

下のバナナのイラストを見てください。八百屋やスーパーでは並ぶことのない、真っ黒になるまで熟したバナナです。この黒いバナナですが、あなたなら、どのような言葉で売りますか？ 売り方に制限はありません。「いや、誰が買うかーい！」とツッコミたくなるかもしれませんが、セールスコピーの技術を使えば、問題なく「売れる商品」になります。1分でいいので、考えてください。

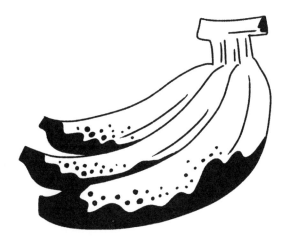

考えましたか？
回答例は 20 ページにあります。

はじめに ── 「いらない」を「これ欲しい」に変える文章術

のっけから問題出してすみません。こんにちは。私の仕事は、セールスコピーライターです。日本語にすると、販売文章執筆家。商品がたくさん売れる文章を書くプロです。このように自己紹介すると、「ずるいよね」「どうでもよい商品でも売っちゃうんでしょ？」と言われますが、そのとおり。**どんな商品でも、伝え方次第でもっと売ることができます。**

本書でお伝えするセールスコピーライティングは、「売れる言葉の作り方」。**この技術を正しく実践すれば、どれだけ売りにくい商品でも、結果が大きく変わります。**これまで1,000件以上のセールスコピーを書いてきましたが、これは揺るぎない事実。たとえば、これはほんの一例ですが、私はセールスコピーライターとして、次のような売りにくい商品のコピーを書き、結果をだしてきました。

✓ 1本2万円する無名のトリートメント剤（美容院向け）

✓ 経営不振で塾長がコンビニのバイトをしていた学習塾

✓ 数十秒見るだけで集中力がアップするカード

✓ 1,000万円以上する高額な金融商品

✓ 登場して間もない無名のゴルフドライバー

✓ インナーマッスルを鍛える1万円のトレーニング器具

✓ 実績に乏しいマーケティングコンサルタント

✓ 1台70万円する治療機器（整体院や整骨院向け）

✓ 競合の方が明らかにお得な1万円の歯磨き粉

✓ 参加費54,000円のセミナー

✓ 販売実績0件の売れない空気循環システム

✓ 人口が少ないエリアで開業した高額なパーソナルトレーニング店

✓ 反応のなさに悩んでいた不動産会社の売却物件募集チラシ

私、こんなのもコピーで売ってきました（左から1本2万円の無名トリートメント剤、1本1万円の無名歯磨き粉、集中力アップカード、無名のゴルフドライバー）

　もちろん、これらの成功は、クライアントのマーケティング力がすばらしかったことも大きな理由です。**ビジネスの成功を1枚のパズルに例えると、セールスコピーはその1ピースに過ぎません。しかし、欠けてはならない重要な1ピース**です。

　ただし、勘違いしないでください。セールスコピーライティングは、どうでもよい人にどうでもよい商品を売るために、ウソをつく技術ではありません。どんな商品でも、それを強く求める人は必ずどこかにいます。

　セールスコピーライティングは、そういった人たちを探し、彼らの心を動かす提案を考え、それを魅力的に語る技術です。欲しい人へ欲しいものを売る方法なのです。

> ウソにまみれた文章で売る方法では、ありません。

　セールスコピーライティングを習得するのに、特別な才能や感性は必要ありません。文章力や表現力に自信がなくても大丈夫です。必要なのは、正しい方法を学び、訓練し、実践すること。

　私は2020年4月から、セールスコピーライティングを学ぶオンラインサロンを運営しています。そして、この本を編集している2020年10月時点で、メンバーから次のような成果をご報告いただいております。これらは、ご報告いただいた成果の一部ですが、**彼らのほとんどが、セールスコピー初心者**でした。

・介護施設のスタッフを募集する求人広告で、採用コストを80％カットしながら理想的な人材確保に成功。（→148ページに詳細）

・ぬか玄米カイロのネット販売ページで、キャッチコピーを数行変えたら前年同月比で販売数10倍。（→282ページに詳細）

・コロナ禍まっただ中にオープンしたフィットネスジム。インスタ広告で集客に成功。

・女性起業家向けのコンサルティングをSNSで案内し、1ヶ月で37名の申込み。

・通常10名集まれば良いといわれているセミナーで、130人の集客に成功。

・副業でアフィリエイト（アドアフィリ）をはじめた未経験者が、12万円の報酬をゲット。

・コロナ自粛で運営が難しくなったボイストレーニング教室が、「ストアカ」でオンラインレッスンを開始。満席を何度も繰り返し、教室のオンライン化に成功。

・日本で知名度ほぼゼロの海外タンブラーをクラウドファンディングで案内し、公開から10時間で目標金額を達成。

・何をどうやっても反応がゼロだったメルマガリスト429件へ、オンラインのダイエットサポートを案内し、3名契約。

・コロナ禍を乗り越えるためにデリバリーをはじめた飲食店。チラシを配布した結果、132件の注文をゲット。

・月収3万円だったアフィリエイター（アドセンス）が、月収11万円を突破。

・フェイスブックでライブイベントを告知したら、参加者が100名を突破したデザイナー。

・noteの記事公開から、12時間以内に上限8名の申込みを完売したスピリチュアルカウンセラー。

・4ヶ月間申込み0件だったオンラインの手芸講座に、申込み発生。

・有料のお片付けコミュニティを立ち上げ、募集開始4日で申込み74名。その後135名が参加（コピーを学ぶ前は申込み0件）。

・オンライン予備校のランディングページを改善し、申込み数、売上が倍増。告知はツイッターのみなので、広告宣伝費0円で集客に大成功。

・フィットネスジムの無料体験を案内するLINE広告で、ROAS 3,300達成。使用した広告費に対して33倍の売上。

・日経BPのWEBサイトで書いたコラムが、アクセスランキング1位。

　ちなみに彼らが学んだのは、「訴求」と「キャッチコピー」のみ。この本ではその2つに加えて、リードコピーやボディコピー、オファー、テスト法、レイアウトなど、その他多くの技術をお伝えします。

　この本のガイドラインは、次のとおり。

この本を読むと、こんなことが身につく

【1〜5章】訴求の考え方・作り方

　セールスコピーでイチバン大事な部分、「訴求」＝「誰に何を言うか」を学ぶ。いわばコピーの土台。ここが間違っていると、どんなに努力を重ねても、レスポンスゼロ。「売れない世界」から抜け出すことはできない。逆にいうと、ここさえ合っていれば「売れる世界」の住人になれる。

【6〜15章】コピー技術

　キャッチはもちろん、リードやボディも学ぶ。「何をどう言うか」という「表現法」の話。繁華街の呼び込みに例えるなら、

・キャッチコピー＝お客さんを振り向かせる "第一声"
・リードコピー＝振り向かせた人を近くに誘う "次の言葉"
・ボディコピー＝近くに来た人を説得する "セールストーク"

【16〜20章】コピーを陰から支える「その他技術」

　具体的には、「オファー」「広告テスト法」「レイアウトと装飾」「心理学のコピーへの応用」「紙と WEB の相違点」について。地味だが、広告効果をさらに高めるために欠かせない。レスポンスゼロのものを 10 にすることはできない。しかし、1 を 10 に、10 を 100 にすることは、これらの技術を使えば可能になる。

「いらない」から「これ欲しい」と思われる世界へワープしたい方は、今すぐ、この本を読み進めてください。見て、読んで、買ってもらえるコトバの作り方を、包み隠さずお伝えします。

目　次

はじめに ── 「いらない」を「これ欲しい」に変える文章術 ……………… 003

第1章

売れる世界にワープ！ 文章より大事な「前提」

セールスコピーの本質とは？ ……………………………………… 022
売れるアイデアは「生み出すもの」ではなく「拾うもの」 …………… 024

第2章

客がお金を払う「本当の理由」

商品や特徴やメリットなんて、どうでも良い………………………… 028
財布のヒモをゆるめるのは、どんな瞬間？ ………………………… 029
もう迷わない！　ベネフィットを完全理解する方法……………… 031
売れるベネフィットを導きだす2つの方法 ………………………… 036

第3章

買ってくれる「3つのタイプ」を知り 万人に売る

いきなりペルソナを作るな ………………………………………… 040
3つのターゲットタイプの具体例 ………………………………… 041
「もっとも買ってくれるタイプ」を判断する方法………………… 044
「動くペルソナ」の作り方……………………………………………… 048

第4章

ターゲット別「ドンピシャ訴求」の作り方

各ターゲット別に「響く訴求」は異なる？ ………………………… 054

ターゲットタイプ① 「購入意欲の高い客」を突き刺す訴求法 ················· 056

ターゲットタイプ② 「検討客」を突き刺す訴求法 ···················· 057

ターゲットタイプ③ 「購入意欲の低い客」を突き刺す訴求法 ·············· 059

第5章

「売りにくい商品」を売る コトバの作り方

タイプ③で勝つ訴求の作り方Ⅰ 「商品特徴」から売れるターゲットを探す ····· 064

タイプ③で勝つ訴求の作り方Ⅱ ターゲットを変えずに売れる訴求を作る ····· 069

第6章

売上が2倍変わる「キャッチコピー」

「キャッチコピーの本質」を知る2つの質問 ······················· 078

キャッチコピーの基礎知識 ····························· 079

キャッチコピーでレスポンスが激変した例 ······················ 080

なぜ、キャッチコピーで反応が大きく変わるのか？ ················· 083

一発合格なんて目指さなくてOK ···························· 084

第7章

初心者でもできる
「キャッチコピー」4ステップ法

ムダな言葉を省こう ································ 088

ステップ① ターゲティングコピーを省く ···················· 088

ステップ② 長文を分割してリズムよく ···················· 090

ステップ③ 不要な言葉を徹底削除 ······················ 092

ステップ④ 問いかける ·························· 093

第8章　売れるキャッチコピー「13の表現法」

表現法①　ベネフィットを語る ………………………………………… 096

表現法②　ベネフィットを具体的に ……………………………………… 097

表現法③　ベネフィットを現実的に ……………………………………… 097

表現法④　読み手を絞り込む ……………………………………………… 098

表現法⑤　心の声に置きかえる …………………………………………… 099

表現法⑥　数字を上手に使う ……………………………………………… 100

表現法⑦　結果・実績を見せる …………………………………………… 104

表現法⑧　ビフォーアフター ……………………………………………… 104

表現法⑨　社会的証明を見せる …………………………………………… 106

表現法⑩　権威を見せる …………………………………………………… 107

表現法⑪　カンタン、すぐに、誰でもできる ………………………… 108

表現法⑫　五感に訴える …………………………………………………… 109

表現法⑬　続きを読ませる ………………………………………………… 111

すべてのキャッチコピーに共通する注意点 ……………………………… 112

第9章

「購入意欲が高い客」に有効なキャッチコピー 11の表現法

「商品名」と「オファー」をズバッと語る …………………………… 118

表現法①　「商品名」と「オファー」を強調 ………………………… 118

表現法②　「あの」をつける …………………………………………… 119

表現法③　「人気の」「話題の」をつける …………………………… 120

表現法④　「いま」をつける …………………………………………… 121

表現法⑤　「人気の」「話題の」を具体化する …………………… 122

表現法⑥　「売れている」を見せる …………………………………… 122

表現法⑦　「ついに」をつける ………………………………………… 123

表現法⑧ 「緊急性」を加える ……………………………………………………… 123

表現法⑨ 「ザイガニック効果」 124

表現法⑩ 「オファーの価値」を魅力的に伝える ……………………………… 125

表現法⑪ 「オファーの理由」を補足 …………………………………………… 126

第 10 章

「検討客」に有効なキャッチコピー 9の表現法

「これまで」との違い、「他」との違いを語る ……………………………………… 130

表現法① ●●するな …………………………………………………………… 130

表現法② ●●するのは、今日で終わりにしませんか？ …………………… 132

表現法③ ●●のあなたへ（●●の方へ） ……………………………………… 134

表現法④ ○○しなくても●●できる ………………………………………… 135

表現法⑤ ●●の方に選ばれています ………………………………………… 136

表現法⑥ 意外性を語る５つのテンプレート ………………………………… 137

表現法⑦ ピアノコピー ………………………………………………………… 139

表現法⑧ 最新の●● ……………………………………………………………… 141

表現法⑨ 失敗しない●● ……………………………………………………… 142

第 11 章

「購入意欲が低い客」に有効なキャッチコピー 10の表現法

売り込まずに、「すばらしい解決法」を語る ……………………………………… 150

表現法① 商品名を隠す ………………………………………………………… 150

表現法② ●●するな …………………………………………………………… 152

表現法③ ●●のあなたへ（●●の方へ） ……………………………………… 153

表現法④ ○○しなくても●●できる ………………………………………… 154

表現法⑤ ストーリー ・・・ 154

表現法⑥ ストーリーを伝える表現「ピアノコピー」・・・・・・・・・・・・・・・ 157

表現法⑦ ○○でした ●●するまでは… ・・・・・・・・・・・・・・・・・・・・ 159

表現法⑧ ストーリーを語る５つのテンプレート ・・・・・・・・・・・・・・・ 160

表現法⑨ ●●で、こんな間違いをしていませんか？ ・・・・・・・・・・ 163

表現法⑩ ●●した結果 ・・・・・・・・・・・・・・・・・・・・・・・・・・・・・・・・・・・・・ 164

第 12 章

読む気マンマンにさせる 「リードコピー」の作り方

キャッチで成功しても、客はまだ読まない ・・・・・・・・・・・・・・・・・・・・・ 172

読み手を広告本文に引きずり込む「リードコピー」とは？ ・・・・・・・・・ 173

リードコピーの内容① キャッチコピーを、さらに強化する ・・・・・・・・ 173

リードコピーの内容② 続きが知りたくなる ・・・・・・・・・・・・・・・・・・・・ 178

リードコピーの内容③ 魅力的なオファー ・・・・・・・・・・・・・・・・・・・・・・ 180

「オファーの理由と価値」を語る ・・・・・・・・・・・・・・・・・・・・・・・・・・・・・・・ 182

リードコピー発想術の３ステップ ・・・・・・・・・・・・・・・・・・・・・・・・・・・・・・ 183

第 13 章

読み手を夢中にさせる 「ボディコピー」の作り方

「信じない・行動しない」を突破する ・・・・・・・・・・・・・・・・・・・・・・・・・・・ 186

売れるボディコピーの「原理原則」とは？ ・・・・・・・・・・・・・・・・・・・・・・・ 186

売れるボディコピーに欠かせない５つの法則 ・・・・・・・・・・・・・・・・・・・・ 190

プロが遵守する２つのルール ・・・・・・・・・・・・・・・・・・・・・・・・・・・・・・・・・ 192

５ステップでボディコピーを書く方法 ・・・・・・・・・・・・・・・・・・・・・・・・・・ 193

「購入意欲が低い客」向け　ターゲットタイプ③のボディコピー例 ……………… 201

「検討客」向け　ターゲットタイプ②のボディコピー例 …………………………… 204

「購入意欲が高い客」向け　ターゲットタイプ①のボディコピー例 …………… 207

迅速にボディコピーを書きあげる３ステップ………………………………………… 210

それでもボディコピーが書けなかったら… ………………………………………… 212

第 14 章

販売力を強化する
ボディコピー「21 の表現技術」

ブラッシュアップの技術 ……………………………………………………………… 216

説得力を高める技術①　「客観的な事実を語る」 ………………………………… 216

説得力を高める技術②　「具体的に語る」 ………………………………………… 217

説得力を高める技術③　「読み手の確信に入り込む」 …………………………… 218

説得力を高める技術④　「証拠を見せる」 ………………………………………… 219

説得力を高める技術⑤　「リンゴとミカンを比べる」 …………………………… 220

説得力を高める技術⑥　「３つの理由」 …………………………………………… 222

説得力を高める技術⑦　「三段論法」 ……………………………………………… 225

説得力を高める技術⑧　「１文字もムダにしない」 ……………………………… 226

説得力を高める技術⑨　「わざと欠点を語る」 …………………………………… 227

わかりやすく伝える技術①　「具体化＋アホ化」 ………………………………… 228

わかりやすく伝える技術②　「読み手が使う言葉で語る」 ……………………… 229

わかりやすく伝える技術③　「漢字を減らす」 …………………………………… 230

わかりやすく伝える技術④　「一文を短くする」 ………………………………… 231

わかりやすく伝える技術⑤　「情報を視覚化する」 ……………………………… 232

わかりやすく伝える技術⑥　「イメージさせる」 ………………………………… 233

わかりやすく伝える技術⑦　「箇条書きにする」 ………………………………… 234

わかりやすく伝える技術⑧　「割引表記の注意点」 ……………………………… 235

わかりやすく伝える技術⑨ 「チャートを使う」 ……………………………… 235

続きを読ませる技術① 「リズム感を高める」……………………………… 237

続きを読ませる技術② 「小見出しを効果的に使う」…………………………… 238

続きを読ませる技術③ 「問いかける」 …………………………………… 240

第 15 章

買う気がない客でも欲しくなる 「ストーリーテリング」

ストーリーテリングとは？ ………………………………………………… 244

効果が高い３つの理由……………………………………………………… 244

商品が欲しくなるストーリー「３つの条件」 …………………………… 245

売れるストーリーの構成 ………………………………………………… 247

Part③ 日常からどん底へ …………………………………………… 248

Part④ どん底で経験したこと ……………………………………… 250

Part⑤ 成功を掴む ………………………………………………… 252

Part⑥ 成功の秘訣を公開 ………………………………………… 255

Part⑦⑧ ベネフィットとクロージング ……………………………… 257

ストーリーテリング①〜⑧の例 ………………………………………… 258

「商品開発秘話」もストーリーテリングの１つ ……………………… 261

Ｗ型のストーリーテリング ……………………………………………… 263

ストーリーテリングでもっとも重要なこと …………………………… 264

第 16 章

たった一言でレスポンス倍増！ 「売れるオファー」の作り方

小さなピザ屋を世界的企業に育てたオファーとは？……………………… 268

これでオファーを完全理解 ……………………………………………… 268

オファーでレスポンスが激変した7つの事例………………………… 270

売れるオファー6つのタイプ……………………………………………… 272

どんどん作ろう！　売れるオファーのミックスタイプ ……………… 274

「失敗するオファー」5つのタイプ …………………………………… 276

「成功するオファー」の3条件 ………………………………………… 278

第 17 章

科学的に売れるコピーを導く 「広告テスト法」

セールスコピーは科学………………………………………………………… 284

1年後に売上がひとケタ変わる「広告テスト」とは？ ………………… 285

スプリットランテストの正しい取り組み方 …………………………… 286

広告効果で変えるべき3パターンのテスト法…………………………… 288

WEBの広告テストで最低限理解しておくべき9つの指標…………… 293

正解を見つけたら、徹底的に使いまわす …………………………… 298

第 18 章

読みやすくなる 「レイアウトと装飾」 13 の技法

セールスコピーの「レイアウト」と「装飾」の目的とは？ ……………… 304

読みやすくする方法①　「KISSを忘れない」…………………………… 306

読みやすくする方法②　「奇をてらったフォントは使わない」…………… 307

読みやすくする方法③　「カラフルにしすぎない」……………………… 308

読みやすくする方法④　「白抜きよりも、白地に黒文字」………………… 308

読みやすくする方法⑤　「行頭と行末を揃える」………………………… 310

読みやすくする方法⑥ 「段組みデザインを使う」 ……………………………… 311

読みやすくする方法⑦ 「改行する」 ……………………………………………… 312

読みやすくする方法⑧ 「空白を使う」 ……………………………………… 313

順序良く読んでもらう方法 「アイフローを意識する」 ……………… 314

読んで欲しい箇所へ誘導する方法① 「四角枠で囲む」 ……………… 317

読んで欲しい箇所へ誘導する方法② 「文章にメリハリをもたせる」 …… 317

読んで欲しい箇所へ誘導する方法③ 「目を留める画像」 …………… 318

読んで欲しい箇所へ誘導する方法④ 「キャプションで引き込む」 …… 319

第 19 章

広告効果を高める「10 の心理テクニック」

心理効果がレスポンスに影響した 9 つの事例 ……………………………… 322

心理テクニック① 売りたい商品を売る「松竹梅の法則」 ……………… 324

心理テクニック② "いいね"を増やす「返報性の原理」 ……………… 325

心理テクニック③ 好意と信頼を高める「ザイオンス効果」 ………… 326

心理テクニック④ 価格表示で欠かせない「アンカリング」 ………… 328

心理テクニック⑤ 価値が高まる「希少性の法則」 …………………… 329

心理テクニック⑥ あえて高くする「ウェブレン効果」 ……………… 331

心理テクニック⑦ 申込みを増やす「決定回避の法則」 ……………… 332

心理テクニック⑧ 決め手になる「バンドワゴン効果」 ……………… 334

心理テクニック⑨ 売上が増える価格表示方法 ………………………… 336

心理テクニック⑩ 1 つの心理効果にまどわされない ………………… 337

第 20 章

「WEB」と「紙媒体」セールスコピーの違い

WEB と紙媒体で、コピーは異なるべきか？ …………………………… 342

レイアウトとデザインの違い ……………………………………………… 342

EFO ……………………………………………………………………… 344

バナー広告 ……………………………………………………………… 349

```
付 録 ── 5秒でわかる！ 売れるコピーのコツ100選
```

1. 五感に訴えよう
2. ターゲットを絞るのは近道
3. 価格表示のテクニック
4. おなじ意味でも10倍伝わる
5. 予防商品を売るヒント
6. 正直な意見を聞く方法
7. 何をどう書くのか？　ではダメ
8. たった1人を動かそう
9. パクッたコピーの問題点
10. 商品認知度でコピーは変わる
11. 文章力や表現力だけでは売れない
12. ベネフィットを量産する思考法
13. 消費行動をふり返ろう
14. 心理テクニックの落とし穴①
15. 心理テクニックの落とし穴②
16. 売れる前には臭いがする
17. 庶民の感覚を忘れるな
18. 余すことなく伝える
19. ベネフィットが見えるか？
20. 100人の売れない理由
21. 弱みが強みになるケース
22. 同業からのクレームは歓迎
23. どうしても売れないなら？
24. ドタキャン返金保証から学ぶこと

25. ネットリサーチの落とし穴
26. 良い表現はシンプル
27. コピーの強さランキング
28. 新しいアイデアに気づく方法
29. 2文字で変わる伝え方
30. ブランディング、ポジショニング、マーケティング
31. 名前をデカく載せるな
32. たった4文字で売上増加
33. 何でもいいから1番を探す
34. サクサク書ける3つの質問
35. 「直感」を舐めてはいけない
36. 「？」に変えれば読まれる
37. なぜ、「3つの理由」なのか？
38. 競合広告のリサーチ方法
39. キャッチのテンプレは心理効果とセットで覚える
40. コピーを良くする11のチェックリスト
41. 難しいことを、わかりやすく伝える方法
42. 最後まで読んでもらう方法
43. 売れるキャッチコピー9つのチェックリスト
44. 数字を使った表現は強い
45. ベネフィットファーストの文章術
46. ベネフィットファーストの文章構成
47. なぜ、コピーが書けないのか？

48. 本当のターゲットを見抜く

49. 「良さ」をハッキリと伝える

50. デメリットを強みに変える方法

51. 書かなければ気づけないヒント

52. 「売りたいモノ」と「欲しいモノ」は異なる

53. 意外な情報で価値を高める

54. ペルソナから考えると失敗する

55. 欠点を隠すとお客さんが離れる

56. 文章のリズム感を改善する方法

57. 心の声でキャッチコピーを強化する方法

58. 1文字もムダにしない

59. 読み手の不安を取り除くワンフレーズ

60. 社名もコピーライティングの一部

61. その一文を何のために書くのか?

62. 「安かろう、悪かろう」を払拭するワンフレーズ

63. 価格表記もコピーライティングの一部

64. ストーリーは伝わりやすく記憶に残る

65. コピーやマーケは我慢大会

66. 売れない状況に突破口を開く7つの質問

67. 読み手の価値観に便乗しよう

68. その先がどうしても書けない本当の理由

69. 売れるストーリーはV字型

70. 読み手が使う言葉で表現しよう

71. キャッチコピーを探せ!

72. 読み手の本音を見破れ

73. 売れるセールスコピーの型

74. 欲しい人へ、欲しいものを売る思考法

75. 長いコピーを書くコツ

76. 続きが気になるコピーとは?

77. 反応がアップする一言

78. お客さんはこうやって読む

79. 失わない方法を語る

80. 小見出しは第2のキャッチコピー

81. 読み手に頭を使わせない

82. わかりやすく伝える方法

83. 具体化+アホ化=わかりやすい

84. ペルソナ作りのコツ

85. キャッチコピーテストの大原則

86. パッと見て価値が伝わる書き方

87. 違う角度から見る

88. 画像下のコピーは読まれる

89. リサーチに必要なこと

90. キモいラブレターでいいの?

91. 売り手の頭の中に正解は無い

92. 命令よりもお願い

93. 売り込むのではなく、求められるコピーを

94. 読まれるコピーとは?

95. 説得が失敗する理由

96. 売れるコピーを書くコツ

97. 売れるコピー3原則

98. 普通のコピーと売れるコピーの違い

99. キャッチコピーがすべてのきっかけ

100. セールスコピーとは何か?

おわりに —— 「儲ける」から「生き残る」ための文章術 へ ……………… 382

登場人物の紹介

大橋さん

叩き上げ系セールスコピーライター。普段は、クライアントのレスポンスをビシバシ上げたり、オンラインで多くの初心者に「売れる文章」の書き方を指導したり、合間に釣りしたり。つちかってきた技術を惜しみなく公開するのは、セールスコピーをもっと世の中に普及させたい一心。

いろはちゃん

大橋さんの助手。ガテン系用品会社で働いていたが、ひょんなことから大橋さんと出会い、コピーの面白さに目覚め転職。勝ち気な性格だが、クライアントから返事がないとき、催促の電話やメールをするのが超苦手な"隠れ繊細さん"。最近、自分より後輩ができて嬉しい。ダイエットは現在進行中。

いろは君

大橋さんの見習い。「コピーって、短い文章でお金もらえる職業でしょ」という安易な気持ちでコピーライターを目指したものの、かなり地味な世界でおどろく。ただ、ロジカルなセールスコピーの考え方は、「SNSやらいろいろな場面で役立つぞ」と気づき、技術取得のため奮闘中。酒とロックを愛する。

回答例

・砂糖を使わずに子どもが喜ぶ、あま〜いバナナケーキを作ってみませんか？（黒い斑点は甘さがマックスになった証。バナナケーキを作るベストタイミングです）

・不眠にお困りのあなたへ。健康的に眠れる方法があります。（完熟黒バナナには、精神安定と不眠の緩和に効くビタミンB_6とセロトニンが含まれています）

・この完熟黒バナナをお鍋に足すだけで、一晩寝かせたようなコクたっぷりの美味しいカレーが作れます。（玉ねぎを飴色になるまで炒める手間から解放されます）

・野菜が苦手な子どもの便秘を、オヤツで解消する方法。（食物繊維たっぷりの甘くておいしい完熟黒バナナでお腹スッキリ）

「こんな回答は自分には浮かばない」と思った方、ご安心を。これはセンスや知識の量ではなく、技術の問題。本書を読み終えたあと、もう1回このワークに挑戦してみてください。お約束します。別人のように「売るための視点」と、その「表現法」が頭に浮かぶことを。

第 **1** 章

売れる世界にワープ！
文章より大事な「前提」

セールスコピーの本質とは？

　冒頭のワーク、私が運営するオンラインサロンや講座で何度か出題しており、これまでにいろんな回答をいただいたものです。

　正解はありませんが、その回答例は、20ページにあるとおり。一見、売り物にならない黒いバナナでも、アイデアによっては、新しい売り場が目の前に広がります。

　このワークの大切な点は、セールスコピーの本質に触れることができること。**セールスコピーの本質、それはおなじ商品でも、アイデア次第でいろんな売り言葉が作れること**。セールスコピーは、文章表現だけで結果を手にする技術ではありません。売れるアイデアを探し、それを魅力的に表現する技術です。

　たとえば、次の7つの商品は、セールスアイデアを変えることで成功した事例です。どれも商品をそのまま売っていません。私が売ったのは、商品ではなくセールスアイデアです。

　矢印の前が、元の商品の特徴。矢印の後が、私が考えたセールスアイデアです。

セールスアイデアの変更で売れた商品の例

商品① 数十秒見るだけで集中力がアップするカード

　→テニスプレイヤー向け「試合前の60秒で集中力を高めて勝つ方法」

商品② インナーマッスルを鍛える1万円のトレーニング器具

　→女優さんのような姿勢美人になる方法（肩や背中のコリもスッキリ）

商品③ 販売実績0件の売れない空気循環システム

→床暖房がなくても大丈夫。これを置くだけで、足元からポカポカ温まる「陽だまり空間」が手に入ります。（しかも、空調費が最大30％削減）

商品④ 1本2万円する無名のトリートメント剤（美容院向け）

→1回5,000円でもリピートが絶えない、売れるトリートメント施術メニューを作りませんか？

商品⑤ 1台70万円する治療機器（整体院や整骨院向け）

→1ヶ月で150名が申込んだ人気の施術メニューが、設置したその日から使えるようになります。

商品⑥ 登場して間もない無名のゴルフドライバー

→「しまった！」と思ってしまうショットのときでも、なぜか、まっすぐ飛ぶんですよ。

商品⑦ 実績に乏しいマーケティングコンサルタント

→税理士の方へ。月額5万円の顧問契約数が増えるメニューの作り方を教えます。

売れるアイデアは
「生み出すもの」ではなく「拾うもの」

　どれだけ文章表現をこねくりまわしても、売れないものは売れません。これまで1,000件以上のセールスコピーを書いてきましたが、これは揺るぎない事実です。重要なのは、この前提。

> 言葉で表現すべき「売れるアイデア」があるかどうかです。

◉特別な才能は必要ない

　「天才的なひらめきが必要なの？」と思われたかもしれませんが、そうではありません。

　売れるアイデアは、「生み出すもの」ではなく「拾うもの」です。あなたの頭の中から生むのではなく、お客さんの頭の中から拾い上げるものなのです。つまり、必要なのは天才的な発想力ではなく、読み手を深く知ること。

◉売れる世界を見つける３ステップ

　「どうすれば伝わるだろう？」「何を言えば売れるだろう？」という思考は捨ててください。

　その代わりに**「お客さんが強く求めているのは何だろう？」「どんなことに興味や関心を抱いているのだろう？」**という思考を持つのです。

　これが売れるアイデアを生み、売れるセールスコピーを書く秘訣。**導きだしたお客さんの強い欲求は、「売れる世界」そのもの**です。

　なぜなら、彼らは、その強い欲求を満たすために消費行動をするから。

① お客さんの脳内にある「売れる世界」を探す。

② 次に、その世界で求められる「優れた提案」を考える。

③ 最後に、その提案を魅力的に語る。

この３ステップで、売れるセールスコピーは完成します。

この本の第２章〜第５章では、売れるアイデアの考え方を具体的にお伝えします。

セールスコピーとは？

・文章表現だけで結果を手にする技術ではない

・売れるアイデアを探し、それを魅力的に表現する技術

・おなじ商品でも、アイデア次第でいろんな売り言葉が作れる

売れるアイデアとは？

・「生み出すもの」ではなく「拾うもの」

・お客さんの頭の中から拾い上げるもの

・読み手の強い欲求や興味・関心から導かれる

セールスコピーの考え方３ステップ

①お客さんの脳内にある「売れる世界＝強い欲求」を探す

②その世界で求められる「優れた提案」を考える

③その提案を魅力的に伝える（コピーを書く）

第2章

客がお金を払う「本当の理由」

商品や特徴やメリットなんて、どうでも良い

　売れるアイデアを作るのに欠かせない要素があります。その要素とは、お客さんがお金を払う理由そのものです。

◉客は、何にお金を払いたいのか？

　お客さんは何にお金を払うのでしょうか？

　商品を手に入れるためでしょうか？　商品の特徴やメリット、機能を手に入れるためでしょうか？

　もし、お客さんが、その商品の価値をよく知っており、今すぐ必要と感じているならばそうかもしれません。

　たとえば、人気アイドルグループの熱烈なファンが、コンサートチケットを求めるケース、コロナウィルスが流行ってマスク不足になったケース、品切れ続出の人気ゲームをわが子の誕生日プレゼントに約束した親など、いろんな状況が考えられます。

　しかし、このようなケースに遭遇することはめったにありません。世の中にあるほとんどのセールスは、「たいして欲しくない」と思われる状況で戦っています。

◉ 「たいして欲しくない状況」で戦うには？

　この状況を突破するには、どうすればよいのか？

　商品の特徴やメリットを徹底的に語ればよいのか？

　答えはNO。なぜなら、お客さんは、商品を手に入れるためにお金を払うのではないから。お客さんは、商品から得る「嬉しい未来」を求めてお金を払うのです。

その「嬉しい未来」のことを「ベネフィット」と呼びます。

つまり、**お客さんは商品や特徴やメリットではなく「ベネフィット」に価値を感じて、お金を払いたいと思う**のです。

財布のヒモをゆるめるのは、どんな瞬間？

「ベネフィット」を伝えないコピーは、何も売らないコピーとおなじ。

どれだけ魅力的に商品を語っても、**ベネフィットを伝えないコピーは、読み手にとって無価値な情報**となります。

たとえば、次のコピー例ですが、どちらに価値を感じるでしょうか？

ターゲットの気持ちになって読んでみてください。

【問題】どっちに「価値」を感じるか？

肩こりに悩んでいる人の気持ちになって読もう

3分で肩甲骨まわりがほぐれる 「フォームローラー〇〇」

肩こりスッキリ 3分で肩甲骨まわりがほぐれる 「フォームローラー〇〇」

釣り用の防寒着を探している人の気持ちになって読もう

最新の発熱防寒性能を備えた
「フィッシング○○」

**真冬の夜釣りでも
ジワッと汗ばむ**
最新の発熱防寒性能を備えた
「フィッシング○○」

新しいオフィスを探しているコンサルタントの気持ちになって読もう

「○○レンタルオフィス」
20 名入る会議室が使い放題

セミナー開催費用が０円に
「○○レンタルオフィス」
20 名入る会議室が使い放題

外国語が話せないけど、初めて海外旅行する人の気持ちになって読もう

0.3 秒で音声翻訳
「○○トーク」

**外国語が話せなくても
安心安全で楽しい旅を**
0.3 秒で音声翻訳
「○○トーク」

ターゲットの気持ちになれば、すぐに答えがわかりますよね？

すべて後者の方に、「価値」を感じるはずです。

ベネフィットありのコピーは、読み手が求める嬉しい未来を語っています。つまり、**パッとみて興味を持ってもらえるのはベネフィットを語ったコピー**。

でも、ベネフィットって、メリットのことじゃないの？　そう思われたかもしれませんが、両者は明らかに異なります。

この違いを正しく理解しておかなければ、ベネフィットを魅力的に伝えるコピーは書けません。

もう迷わない！ベネフィットを完全理解する方法

たくさんの方にセールスコピーを指導してきましたが、ベネフィットとメリットを混同する方は多いです。

たとえば、ゴルフドライバーの場合、左右どちらがベネフィットかわかりますか？

【問題】どっちが「ベネフィット」？

新素材	飛距離が伸びる
これまでにない機能	まっすぐ飛ぶ
有名プロも使用	スコアアップ
軽い、握りやすい	コンペで勝つ
壊れない	打ちっぱなしで注目の的
流行の最先端	周りから褒められる
カッコいいデザイン	打った瞬間、笑いが止まらない

答えは右側です。左側は特徴やメリットで、右側がベネフィット。

両者の違いがわからなくてもご安心ください。

今から、ベネフィットとメリットの違いを完全理解するためのトレーニングに取り組みます。

◉ベネフィットは結果、メリットは理由

おさらいですが、ベネフィットとは、読み手が求める嬉しい未来のこと。言いかえれば、手に入れたい結果や幸福のことです。

そして、特徴やメリットは、ベネフィットが叶う理由と考えてください。読み手が求める嬉しい未来、手に入れたい結果、願い続けた幸福が叶う理由として、特徴やメリットが存在します。

・ベネフィット ＝ 読み手が求める嬉しい未来（結果・幸福）

・特徴やメリット ＝ ベネフィットが叶う理由

では、この考え方で、先ほどご紹介したコピーの例を見てください。

トレーニング①（ターゲット:肩こりに悩んでいる人）

肩こりスッキリ
３分で肩甲骨まわりがほぐれる
フォームローラー○○

「肩こりスッキリ」は、ターゲットが求める嬉しい未来、つまりベネフィットです。

では、このベネフィットが叶う理由は、どれでしょうか？

もう、おわかりと思いますが、「3分で肩甲骨まわりがほぐれる」です。つまり、これが特徴やメリットになります。

トレーニング①答え

肩こりスッキリ（ベネフィット）
3分で肩甲骨まわりがほぐれる（特徴やメリット）
フォームローラー〇〇（商品名）

続いて、トレーニング②、③です。

トレーニング②（ターゲット：釣り用の防寒着を探している人）

真冬の夜釣りでも
ジワッと汗ばむ
最新の発熱防寒性能を備えた
「フィッシング〇〇」

特徴やメリットは、「ベネフィットが叶う理由」だから……

トレーニング②答え

真冬の夜釣りでもジワッと汗ばむ（ベネフィット）
最新の発熱防寒機能を備えた（特徴やメリット）
フィッシング○○（商品名）

トレーニング② (ターゲット：新しいオフィスを探しているコンサルタント)

セミナー開催費用が０円に
「○○レンタルオフィス」
20 名入る会議室が使い放題

トレーニング③答え

セミナー開催費用が０円に（ベネフィット）
○○レンタルオフィス（商品名）
20 名入る会議室が使い放題（特徴やメリット）

コンサルタントはセミナーをする機会が多い仕事ですが、そのたびに会場費を支払うのは大きな痛手です。

つまり、ターゲットが求める嬉しい未来（ベネフィット）は「セミナー開催費用が0円に」。このベネフィットが叶う理由は、「20名入る会議室が使い放題」です。

最後にまた問題を出して、本項は終わりにしましょう。
このコピーのどれがベネフィットかを考えてみましょう。

【問題】どれが「ベネフィット」?

・入塾の電話が鳴りやまない
・生徒募集チラシの作り方
・100軒以上の学習塾で効果実証済み

さて、ここまでのトレーニングでベネフィットと、特徴やメリットとの違いは理解できましたか？
セールスコピーの主人公は「ベネフィット」であり、引き立て役として「特徴やメリット」があるとイメージしていただければ、さらに理解が深まります。

ちなみに、先ほどの問題の答えは、「入塾の電話が鳴りやまない」がベネフィット。「100軒以上の学習塾で効果実証済み」は特徴やメリットです。「生徒募集チラシの作り方」は、この場合、商品名として考えるのが適切でしょう。

売れるベネフィットを導きだす2つの方法

「ベネフィットが思い浮かばない」と悩む方は、たくさんいますが、今からお伝えする2つの方法を実践すれば大丈夫。

　読み手が求めるベネフィットを発見できます。

●方法① 「ということはつまり法」

　この方法を実践すれば、どのような商品からもベネフィットが大量に導きだせます。

　やり方はシンプル。まずは、商品の特徴やメリットをたくさんリストアップしてください。次に、それらの特徴やメリットのそれぞれに「ということはつまり？」と質問を続けるだけ。

　ゴルフドライバーを例に挙げて、説明しましょう。

---

① 軽くて振りやすい（特徴やメリット）
ということはつまり？
↓
② スイングしやすい（特徴やメリット）
ということはつまり？
↓
③ 飛距離が伸びる（ベネフィット）
ということはつまり？
↓
④ スコアアップ（ベネフィット）
ということはつまり？
↓
⑤ コンペで勝つ（ベネフィット）

ご覧のように「軽くて振りやすい」という特徴やメリットへ「ということはつまり？」と質問を続けると、新たな特徴やメリット、そして新たなベネフィットが連鎖的に生まれました。

　③以降は、導きだしたベネフィットへ「ということはつまり法」を続けていますが、このやり方を続けると、**1つのベネフィットからも新しいベネフィットを大量に導きだせます**。

　たとえば「⑤コンペで勝つ」に「ということはつまり？」と質問を続けてみてください。「⑥仲間に褒められる」など、新たなベネフィットが見つかります。

●方法② 「ターゲット像を明確にする」

「ということはつまり法」で大量のベネフィットを導きだしたら、次に取り組むのは「ベネフィットの選択」です。

　ベネフィットとは、読み手が強く求める嬉しい未来であるべきです。そのため「ということはつまり法」で抽出した大量のベネフィットから適当に選ぶのは良くありません。ターゲットがもっとも激しく反応するベネフィットを選ぶ必要があります。

　そこで重要になるのが、ターゲット像の明確化。**ターゲットの悩みや欲求、興味関心を具体的に知っておかなければ、反応が得られるベネフィットを選択できません**。ターゲット像を明確化する方法については、次章から詳しく解説いたします。

⑥仲間に褒められる
↓　ということはつまり？
⑦図にのれる

それは、ベネフィットかしらね〜

ベネフィットとは？

・商品から得られる嬉しい未来（結果・幸福）のこと
・お客さんは商品や特徴やメリットではなくベネフィットにお金を払う
・ベネフィットがないコピーは、何も売らないコピー

特徴やメリットと混同しない

・特徴やメリットは、ベネフィットが叶う理由
・ベネフィットの補強要素として特徴やメリットが存在

ベネフィットを導きだす2つの方法

① 「ということはつまり法」で大量にベネフィットを導きだす
② 「ターゲット像を明確化」し、一番求められるベネフィットを選択する

第3章

買ってくれる
「3つのタイプ」を知り
万人に売る

いきなりペルソナを作るな

　ベネフィットが存在しないセールスコピーは、何も売らないコピーとおなじ。

　そうはいっても、**お客さんが求めていないベネフィットを伝えるのでは、意味がありません**。ターゲットが、心の底から求めるドンピシャのベネフィットを伝える必要があります。

　そのためには、ターゲットの悩みや欲求、興味関心を深く理解し、ターゲット像を明確にします。伝えたい相手が見えていなければ、響くコトバは生まれません。

　この章では、ターゲット像を明確化する方法について解説します。

◉ペルソナの前に考えること

　ターゲット像の話になると、多くの方が「ペルソナ作り」を思い浮かべます。

> ペルソナとは、顧客として相応しい人物像のこと。

　もちろん、**ターゲット設定においてペルソナは重要ですが、いきなりペルソナを考えるのは危険**です。なぜなら、買わないターゲット像を作り込み、売れない世界で戦い続けることになりかねないから。

　ターゲット像を明確化するには、ペルソナ作りの前にやるべきことがあります。それは、あなたの商品を買ってくれそうなターゲット層を、事前に判断することです。

◉誰が買ってくれるのか？

どのような商品でもターゲット層は、大きく３つに分類できます。

そして、あなたの商品を強く求めるターゲット層は、３つの内のいずれかにあてはまります。

わかりやすくいえば、どのような商品にもＡさん、Ｂさん、Ｃさんの３タイプのお客さんがいて、「あなたの商品を一番買ってくれるお客さんはＡＢＣのいずれか」ということ。そして、ＡＢＣの誰が一番買ってくれるかは、事前に判断できます。

つまり、**ペルソナを考えるのは一番買ってくれる人を判断したあと**。具体的には、次の流れでターゲット像を明確化します。

----

① ３人のターゲットタイプを知る
② どのタイプが一番買うかを事前に判断
③ ペルソナを作る

３つのターゲットタイプの具体例

どのような商品でも、この３つのターゲット層が存在します。

タイプ① その商品が欲しい！　めっちゃ興味を持っている
タイプ② その商品を少し知っているけど、まだ欲しくない
タイプ③ ベネフィットに興味はあるけど、その商品を知らない

これらのタイプ①②③は、前作の『ポチらせる文章術』でお伝えした「商品認知ステージ」と基本的におなじ考え方です。あなたの商品を一番買ってくれる人を探し当てるには、まず、タイプ①②③のターゲット層を整理しなければなりません。具体例を見て行きましょう。

「バター」で考える3つのターゲット像

「バター」は、誰もが知っている商品で、どこのスーパーでも売っています。このような一般的な商品でも、ターゲットタイプは3つに分類できます。

タイプ① その商品が欲しい！ めっちゃ興味を持っている
例）バターを多用するフレンチ料理屋

タイプ② その商品を少し知っているけど、まだ欲しくない
例）健康問題を意識し、マーガリンからバターに変えようと考える人

タイプ③ ベネフィットに興味はあるけど、その商品を知らない
例）美味しいカレーを作りたいけど、隠し味にバターが良いことを知らない人

③は「カレーの隠し味としてのバター」は知らないという意味。

「住宅リフォーム」で考える3つのターゲット像

「住宅リフォーム」も一般的に認知されている商品です。どの地域にも数軒のリフォーム店が存在しますが、このような場合でもターゲットタイプは3つに分類できます。

タイプ① その商品が欲しい！　めっちゃ興味を持っている
例）雨漏りが激しく、今すぐ何とかしたい人

タイプ② その商品を少し知っているけど、まだ欲しくない
例）家の劣化が気になりはじめた人

タイプ③ ベネフィットに興味はあるけど、その商品を知らない
例）子どもの喘息に悩んでいるが、漆喰にリフォームすることで、
　　　アレルギー原因物質の多くが防げることを知らない人

「バターや住宅リフォームに、タイプ③は存在しないでしょ？」と思われたかもしれませんが、視野を広げると、いろんなターゲットタイプが見えてきます。

　次は、整理したタイプ①②③の中で、どのタイプを狙うべきかを事前に判断する方法をお伝えします。あなたの商品を一番買ってくれそうな人たちを探し当てるステップです。

「もっとも買ってくれるタイプ」を判断する方法

セールスコピーでよくあるミスは、「買ってくれない人」へ売り続けること。

逆を言えば、「買ってくれる人」を知り、彼らを狙い撃つコピーを書けば、確実に反応が得られます。

先ほど、ターゲットタイプを①②③と分類しました。ここでは、あなたの商品を一番買ってくれるタイプを、事前に判断する方法をお伝えします。

●ターゲットの欲求の強さと母数の関係

おさえておきたい基本知識があります。

それは、ターゲットタイプ①②③の欲求の強さと、ターゲット母数について。

どのような商品でも、タイプ③からタイプ①に向かうほどターゲット数は減りますが、欲求は強くなります。欲求が強いタイプ①は、魅力的なターゲット層に思えるかもしれません。

しかし、ターゲット数は少なく競合が多い層なので、タイプ①で勝負できる商品は、めったにありません。

ほとんどの商品が、タイプ②か③で勝負することになります。あなたの商品を一番買ってくれるタイプを判断するには、都合の良い願望を捨てること。そして、「商品のポテンシャル」と向き合い、狙うべきターゲットタイプを冷静に判断する必要があります。

今から、その具体的な判断方法をお伝えします。

①に向かうほどターゲット数はダウンするが、欲求は強くなる

●あなたの商品は、ターゲットタイプ①を狙えるか？

ターゲットタイプ①の感情

その商品が欲しくて、強い興味を持っているターゲット
・かなり具体的にその商品を探しており、条件が合えば買う気マンマン
・または、すでに、あなたのファンでセールスを待ち望んでいる

　多くの会社が狙いたいのがターゲットタイプ①ですが、狙えるかどうかの判断基準は次の3つ。

【１】ブランドの強さがある

あなたの商品が、その業界で抜群の信用力と価値を誇り、多くの人がそれを認知しているならば、タイプ①で勝負できます。

【２】顧客との強い信頼関係がある

ブランド力がなかったとしても、何度もあなたの商品を買ってくれるファンがいれば、彼らは紛れもなくタイプ①。SNSに熱烈なフォロワーが多数いたり、あなたを熱烈に支持するメールリストがある場合も、タイプ①を狙ったコピーで勝負できます。

【３】超強力なオファーがある

オファーとは、魅力的な取引条件のこと。もし、競合他社よりも圧倒的に優れたオファーがあるならば、ブランドの強さがなくても、目の前にファンがいなくても、タイプ①を狙えます。重要なのは、オファーがズバ抜けてスゴいこと。オファーについては、第16章で詳しく解説します。

●あなたの商品はターゲットタイプ②を狙えるか？

ターゲットタイプ②の感情

その商品を少し知っているけど、まだ欲しくないターゲット
・「どうしようかな？」「どれにしようかな？」という検討客

タイプ②は他と比較するターゲット層なので、狙えるかどうかの判断基準はこの２つ。

【１】魅力的な「差別化要因」がある

「他との圧倒的な違い」がキーポイント。競合商品や、過去商品と比べて明らかな違いがあり、他よりも過去よりも優れている理由があるならば、タイプ②で勝負できます。

【２】他よりも良いオファーがある

　商品クオリティが競合他社とおなじであれば、オファーの良し悪しで検討客は購入を決断します。つまり、他社の類似商品に対しても、より良いオファーが用意できるならば、タイプ②で勝負できます。

●あなたの商品はターゲットタイプ③を狙えるか？

ターゲットタイプ③の感情

ベネフィットに興味はあるけど、その商品を知らないターゲット
・「何か良い方法ないかな？」「どうすればいいのだろう」という
　漠然とした悩みや欲求を抱えている

　タイプ①やタイプ②と比べて、ターゲットの購入意欲はかなり低く、売るのが難しいターゲット層です。次の３つのいずれかにあてはまる場合は、タイプ③を狙うことになります。

【 1 】差別化が難しい

競合商品や過去商品との圧倒的な違いがない、または、他よりも劣っているケース。

【2】他よりもオファーが弱い

商品クオリティは競合とおなじだけど、オファーが劣っているケース。

【3】わかりにくい商品

「これまでにない新しい商品やサービス」を売るケース。ターゲットが、その商品の価値をまったく知らない場合、タイプ③を狙うことになります。既存商品を、新しいマーケットへ売り込むときも、このケースにあてはまります。

これらの判断方法を使って、狙うべきターゲットタイプをじっくりと考えてみましょう。もし、「これまでのターゲット設定は間違えていた」と感じたならば、その気づきは大変貴重です。

> 売れる世界へ飛び込むには、売れない世界を知ることから。

狙うべきターゲットタイプを正確に判断した時点で、あなたの目の前には、買ってくれる群衆が行列を作りはじめています。

◤「動くペルソナ」の作り方

狙うべきターゲットタイプが決まったら、ペルソナ作りです。次の項目にあてはめて、具体的な顧客像を考えてください。

ペルソナ項目

名前、年齢、性別、居住地、職業、役職、年収、貯蓄額、趣味、興味関心、悩み、欲求、家族構成、交友や交際などの人間関係、生活パターン、価値観、性格、口癖など

ペルソナを考える場合ですが、これらすべての項目を考える必要はありません。

また、他にも項目が必要であれば追加してください。たとえば、アパレル商品ならば、「普段のファッション」についての項目を追加する必要があります。

●ペルソナの完成基準

ペルソナ作りに欠かせないポイントは、名前を付けること。不思議なもので、ペルソナに名前を付けると、そのターゲットの顔までイメージできるようになります。また、**ペルソナ完成の基準ですが、顧客像の表情や声がイメージできるか。さらには、顧客像の「動き」までイメージできるようになれば、ペルソナ作りは完了**です。

実際のペルソナ例をお見せしましょう。弊社は、学習塾向けに生徒募集チラシ制作と販売をしておりますが、次ページにあるのはその時に作ったペルソナ例です。

いかがですか？　このペルソナ例を読んでみて、眼鏡をかけたちょっと怖そうな富岡先生の表情や生徒を叱る姿が見えたのではないでしょうか？

- **名前**…富岡伸一（57 歳男性・大阪府摂津市）
- **家族構成**…奥さんとの 2 人暮らし（26 歳の一人娘はすでに独立）
- **職業**…小さな学習塾を経営（創業 20 年・対象は中学生、講師は塾長と学生バイト 2 名）
- **役職**…塾長
- **性格**…真面目で仕事熱心だが、他より劣る点を素直に認められない頑固もの
- **年収**…絶頂期は年収 800 万円だったが、現在は 350 万円（奥さんのパート収入を入れると 450 万円）
- **趣味**…仕事が趣味、仕事が生きがい
- **交友**…仕事人間のため、プライベートで交流のある友人はゼロ
- **興味関心**…他の塾が、どのように生徒募集をしているのか？
- **悩み**…地域密着で学習塾をしてきたが、近隣に大手塾ができて以来、生徒が減り続けている。なんとかしようと思い、自分なりに生徒募集チラシを作って配布するが、反応がない。印刷費や折込費用を考えると、やればやるほど赤字の状態。今年は 過去最高に 生徒が少なく、中学 3 年生が卒業したら生徒数はひとケタになる。どうすればよいものか。
- **欲求**…中学 3 年は 1 年しか通わないので、中学 1 年、2 年の生徒も増やしたい。できれば、まじめな子や成績優秀者に来てほしい。その方が塾の評判がよくなるから。
- **仕事へのこだわり**…指導力には自信があり、これまで多くの生徒の成績を伸ばし、志望校合格へ導いてきた。ただしスパルタ。子どもを激しく叱りつけることはあたりまえで、時には、保護者へも厳しく意見を言う。
- **価値観**…学歴がすべてではないが、学歴があれば人生の選択肢は増える。塾講師は、成績だけではなく、子どもの人間力を育む役割も担うべきだ。講師ではなく、教育者としてあり続けたい。 子に甘い親が増えたから、自分はあえて厳しく生徒へ接していきたい。
- **口癖**…「継続は力なり」「あきらめるな！」
- **生活パターン**…午前 11 時に出勤、深夜 0 時過ぎに帰宅。土日祝日も仕事
- **その他**…WEB に疎い。 ケータイもガラケー。 ネット集客とかムリ
- 塾講師は天職と信じている

響くコトバを生むには？ ························

・ターゲットが強く求める「ドンピシャのベネフィット」が必要
・伝えたい相手が見えてなければ、響くベネフィットはわからない
・ターゲット像を明確にする

ターゲット像を作る3ステップ ···············

ステップ① 3人のターゲットタイプを知る
ステップ② どのターゲットタイプが一番買うかを事前に判断
ステップ③ ペルソナを作る

どんな商品でも3つのターゲットタイプがいる ·················

タイプ① その商品が欲しい！　めっちゃ興味を持っている
タイプ② その商品を少し知っているけど、まだ欲しくない
タイプ③ ベネフィットに興味はあるけど、その商品を知らない

一番買ってくれるターゲットタイプは事前に判断できる

ターゲットタイプ①を狙える判断基準

【１】ブランドの強さがある

【２】顧客との強い信頼関係がある

【３】超強力なオファーがある

ターゲットタイプ②を狙える判断基準

【１】魅力的な「差別化要因」がある

【２】他よりも良いオファーがある

ターゲットタイプ③を狙える判断基準

【１】差別化が難しい

【２】他よりもオファーが弱い

【３】わかりにくい商品

「動くペルソナ」の作り方 ……………………………………………

・【ペルソナ項目】名前、年齢、性別、居住地、職業、役職、年収、貯蓄額、趣味、興味関心、悩み、欲求、家族構成、交友や交際などの人間関係、生活パターン、価値観、性格、口癖など

・他にも項目が必要であれば、追加する

・ペルソナに名前をつけると、ターゲットの顔をもイメージできる

・ペルソナ完成の基準は、顧客像の表情や声などの「動き」がイメージできるか

第4章

ターゲット別
「ドンピシャ訴求」の
作り方

各ターゲット別に「響く訴求」は異なる？

ターゲットタイプ①②③で、響く提案は異なります。

たとえば、「テレビでも紹介された、美味しく健康的な無塩バターが"半額"でお求めいただけます」という提案があったとしましょう。

先ほどのターゲットタイプを、もう一度記します。すべて「バターを買いそうな人」になりますが、おなじ提案で全員が振り向くでしょうか？

タイプ① バターを多用するフレンチ料理屋

タイプ② 健康問題を意識し、マーガリンからバターに変えようと考える人

タイプ③ 美味しいカレーを作りたいけど、隠し味にバターが良いことを知らない人

タイプ③からすれば、どうでも良い話ですよね。そもそも、バターに必要性を感じていないのですから。

前章で学んだターゲットタイプごとの「感情」を、次に整理しました。ターゲットタイプ①②③は、商品に対する知識や興味関心、欲求や悩みなどの感情が異なります。そのため、**ターゲットタイプ別に、彼らが飛びつく提案を考える必要があります。**

バターはカロリーが高いから…　→　戻す

ターゲットタイプの「感情」のまとめ

タイプ①　その商品が欲しくて、強い興味を持っている
・かなり具体的にその商品を探しており、条件が合えば買う気マンマン
・または、すでに、あなたのファンでセールスを待ち望んでいる

タイプ②　その商品を少し知っているけど、まだ欲しくない
・「どうしようかな？」「どれにしようかな？」という検討客

タイプ③　ベネフィットに興味はあるけど、その商品を知らない
・「何か良い方法ないかな？」「どうすればいいのだろう」という
　漠然とした悩みや欲求を抱えている

●売れる提案＝訴求

「提案」のことを、広告用語で「訴求」と呼びます。

> ここからは、「売れる提案」のことを「訴求」と言います。

訴求は、セールスコピーでもっとも重要です。

なぜなら、後に学ぶキャッチコピーもボディコピーも、すべて訴求を軸にメッセージを考えるから。

つまり、**訴求がダメだと、売れないコピーを書き続けることになります。**

今から、各タイプ別に効果的な訴求の作り方を解説します。

「購入意欲の高い客」を突き刺す訴求法

　ポイントは「商品名」と「魅力的なオファー」を、しっかり見せること。あなたの求める商品が、すばらしい条件で手に入りますよ！ と伝えるシンプルな訴求が求められます。次の公式とコピー例で考えてみましょう。

「●●の方へ」＋「商品名」＋「魅力的なオファー」＋「ベネフィット」

最近、バターの値段が高すぎるとお困りのフランス料理店へ。
他店よりも30％安く、新鮮でおいしいバターをご提供。
料理の味を落とすことなく経費削減できます。

【１】 ●●の方へ（最近、バターの値段が高すぎるとお困りのフランス料理店へ）

【２】 商品名（バター）

【３】 魅力的なオファー（他店よりも30％安く）

【４】 ベネフィット（料理の味を落とすことなく経費削減できる）

※２〜４の順序は前後しても問題ありません。

　商品名は状況によって「固有名詞」と「普通名詞」を使い分ける必要があります。

　次は、商品名を固有名詞（ひんやりマスク）にした場合の訴求です。

> 「ひんやりマスク」が、どこへ行っても在庫切れでお困りの方へ。
> 7月15日に大量入荷が決定しました（お一人さま3箱まで）。
> 暑い日でも、マスクをつけたままお出かけできます。

ターゲットタイプ②
「検討客」を突き刺す訴求法

　訴求作りのポイントは「ズバ抜けた違い」をしっかり語ること。

　他商品と比べたお客さんが、「それならこれにしよう」と確信できる訴求が求められます。次の公式とコピー例で考えてみましょう。

| 「●●の方へ」＋「ベネフィット」＋「ズバ抜けた違い」＋「商品名」 |

> マーガリンからバターに変えたいけど塩分が気になる方へ。
> このバターは塩分50％カットなので、
> 健康が気になるお客様から選ばれています。
> おいしいトーストを毎朝お楽しみください。

【1】●●の方へ（マーガリンからバターに変えたいけど塩分が気になる方へ）

【2】ベネフィット（毎朝おいしいトーストを食べる）

【3】ズバ抜けた違い（塩分50％カット、健康が気になるお客様から選ばれている）

【4】商品名（バター）

　※2〜4の順序は前後しても問題ありません。

もし、タイプ②で魅力的なオファーがあるならば、この公式になります。

「●●の方へ」＋「ベネフィット」＋「ズバ抜けた違い」＋「商品名」＋「オファー」

マーガリンからバターに変えたいけど塩分が気になる方へ。
このバターは、塩分50％カットなので、
健康が気になるお客様から選ばれています。
おいしいトーストを毎朝お楽しみください。
しかも、今なら30％割引。

【１】●●の方へ（マーガリンからバターに変えたいけど塩分が気になる方へ）

【２】ベネフィット（毎朝おいしいトーストを食べる）

【３】ズバ抜けた違い（塩分50％カット、健康が気になるお客様から選ばれている）

【４】商品名（バター）

【５】オファー（30％割引）

※２〜４の順序は前後しても問題ありません。

タイプ②でも、商品名は状況によって「固有名詞」と「普通名詞」を使い分ける必要があります。次は、商品名を固有名詞（すこやかバター）にした場合の訴求です。

マーガリンからバターに変えたいけど塩分が気になる方へ。
「すこやかバター」は塩分50％カットなので、
健康が気になるお客様から選ばれています。
おいしいトーストを毎朝お楽しみください。

ターゲットタイプ③
「購入意欲の低い客」を突き刺す訴求法

このタイプにおける、訴求作りで重要なポイントは次のとおり。

> ターゲットタイプ③を狙う場合、商品名を語らないこと。

なぜなら、タイプ①や②と違って、タイプ③は商品やその価値をまったく知らないから。商品名を語らず「ベネフィットが手に入る最高の解決策」を提案した訴求が求められます。次の公式とコピー例で考えてみましょう。

「●●の方へ」＋「ベネフィット＝最高の解決策」

「美味しいカレーを作りたい人へ、隠し味としてバターを売る場合」はこうなります。

> もっと美味しいカレーを作りたい方へ。
> ほんのひとかけら入れるだけで
> 家族から「いつもより美味しい」と喜ばれる
> 秘密のレシピを教えます。

【１】●●の方へ（もっと美味しいカレーを作りたい方へ）

【２】ベネフィットが手に入る最高の解決策

  （ひとかけらで、家族から「いつもより美味しい」と喜ばれる秘密のレシピ）

「コピーライティングを知らない人に、キャッチコピー講座を売る場合」
はこうなります。

> ホームページへの問合せを増やしたい方へ。
> たった2～3行のコトバで問合せが倍増する方法を教えます。

【1】●●の方へ（ホームページの問合せを増やしたい方へ）
【2】ベネフィットが手に入る最高の解決策
　　　（たった2～3行のコトバで問合せが倍増する方法）

「オールスパイス（調味料の一種）を、インスタントラーメンの隠し味とし
て売る場合」はこうなります。

> 手軽に美味しい料理を作りたい方へ。
> どこでも買えるインスタントラーメンが
> たった1秒で、本格中華の味に変わるなんて。

【1】●●の方へ（手軽に美味しい料理を作りたい方へ）
【2】ベネフィットが手に入る最高の解決策
　　　（どこでも買えるインスタントラーメンがたった1秒で、本格中華の味に変わる）

　タイプ③は、タイプ①や②に比べて購入意欲が低いため、訴求作りは難
しくなります。次の章では、タイプ③で勝つための訴求作りについて、さ
らに詳しく解説します。売りにくい商品を売る訴求の作り方です。

訴求とは？ ⋯⋯⋯⋯⋯⋯⋯⋯⋯⋯⋯⋯⋯⋯⋯⋯⋯⋯⋯⋯

・ターゲットが飛びつく売れる提案のこと
・訴求はセールスアイデアそのもの
・セールスコピーでもっとも重要
・訴求に沿ってキャッチコピーやボディコピーを書くことになる
・訴求がダメだと、売れないコピーを書くことになる

ターゲットタイプ別に異なる訴求 ⋯⋯⋯⋯⋯⋯⋯⋯⋯⋯⋯

・ターゲットタイプ①②③で、有効な訴求は異なる
・各タイプは商品に対する知識や興味関心、欲求や悩みなどが異なるから

どんな商品でも3つのターゲットタイプがいる ⋯⋯⋯⋯⋯

タイプ① その商品が欲しい！　めっちゃ興味を持っている
タイプ② その商品を少し知っているけど、まだ欲しくない
タイプ③ ベネフィットに興味はあるけど、その商品を知らない

ターゲットタイプ①に有効な訴求……………………………………

・「商品名」と「魅力的なオファー」をしっかりと見せる
・「あなたの求める商品がすばらしい条件で手に入る」という
　　シンプルな訴求
・「●●の方へ」＋「商品名」＋「魅力的なオファー」
　　＋「ベネフィット」

ターゲットタイプ②に有効な訴求……………………………………

・「ズバ抜けた違い」をしっかり語る
・検討客が「それならこれにしよう」と確信できる訴求
・「●●の方へ」＋「ベネフィット」＋「ズバ抜けた違い」
　　＋「商品名」
・「●●の方へ」＋「ベネフィット」＋「ズバ抜けた違い」
　　＋「商品名」＋「オファー」

ターゲットタイプ③に有効な訴求……………………………………

・ターゲットタイプ③は商品やその価値をまったく知らない
・商品名を語らず
　　「ベネフィットが手に入る最高の解決策」を提案した訴求
・「●●の方へ」＋「ベネフィット＝最高の解決策」

第5章

「売りにくい商品」を売る
コトバの作り方

タイプ③で勝つ訴求の作り方Ⅰ
「商品特徴」から売れるターゲットを探す

　ターゲットタイプ③は、タイプ①②と比べて購入意欲が低く、売るのが
難しいターゲットです。そのため訴求作りは簡単ではありません。

　しかし、タイプ③は母数が多いため、訴求作りに成功すると、大きな売
上を生むことがあります。つまり、**タイプ③は、当たれば大きいターゲッ
ト層**。この章では、タイプ③で勝つ訴求の作り方を２つお伝えします。

　１つめの方法は、商品特徴から売れるターゲットを探す方法です。この
３つのステップで訴求を考えます。

ターゲットを探して売るステップ①
商品の特徴やメリット、価値を徹底的に洗い出す

ターゲットを探して売るステップ②
既存ターゲットにとらわれず、その特徴やメリットが「欲しい人」を探す

ターゲットを探して売るステップ③
「欲しい人」が強烈に反応するベネフィットを考える

理解を深めるために、今から１つのお題に取り組みましょう。

【お題】真夏に、アツアツのおでんを売るには？

　難しく感じたかもしれませんが、タイプ③狙いは、基本的に無理難題を
強いられるものです。それでも売れる突破口を開かなければなりません。

まずはステップ①と②を経て、次の結果を得たとしましょう。

ターゲットを探して売るステップ①
「ガッツリ食べても低カロリーの食品」というメリット

ターゲットを探してステップ②
ダイエット中の人

言いかえると、こうなります。

【特徴】おでんは、ガッツリ食べても低カロリー
【欲しい人】ダイエット中の人

　ダイエット中の人へ、どのようなベネフィットを伝えれば、真夏におでんが食べたいと思うでしょうか？

　ここで登場するのが「ということはつまり法」。おでんは、ガッツリ食べても低カロリーという特徴に、「ということはつまり法」を実施してみると…。

おでんは、ガッツリ食べても低カロリー（特徴やメリット）
ということはつまり？
↓
ダイエット中だけど、美味しいものを我慢しなくてよい（ベネフィット）
ということはつまり？
↓
お腹いっぱい食べても罪悪感ゼロ（ベネフィット）
ということはつまり？

でてきたベネフィットをまとめると「美味しいものをお腹いっぱい食べても罪悪感ゼロ」と表現できます。

ここまでのステップで次の要素が明らかになりました。

【特徴】おでんは、ガッツリ食べても低カロリー
【欲しい人】ダイエット中の人
【ベネフィット】美味しいものをお腹いっぱい食べても罪悪感ゼロ

最後に、この３つの要素を短い文章にすれば訴求のできあがり。「誰に何を言うのか？」という流れで、短い文章を考えてみましょう。

訴求＝「誰に」＋「何を言うのか？」

ダイエット中だけど、今日のお昼どうしよう…とお悩みの方へ。
ガッツリ食べても300キロカロリーのランチが、
どこのコンビニでも買えます。
オイシイものをお腹いっぱい食べても罪悪感ゼロですよ。

いかがでしょうか？　真夏にアツアツのおでんを売るのは無理難題に思えたかもしれません。しかし、この訴求で、店内のチラシやPOPを考えればどうでしょう？　おでんを買う人の姿が目に浮かびませんか？

12本目……

◉「ターゲットを変えて売る」ときの最大のポイント

　この訴求作りの最大のポイントは、「ターゲットがガラリと変わる」こと。**数多くいるタイプ③の中でも、より欲求の強いターゲットを、新たに探す訴求の作り方**です。世の中のヒット商品の多くは、この訴求の考え方に基づいて理解できます。

エアウィーヴ

　有名なマットレスパッド「エアウィーヴ」ですが、最初は売れなかったそうです。しかし、「一般ユーザーへ、快適な眠りを提供する寝具」ではなく、「アスリートへ、コンディションを整える寝具」として訴求しはじめてから急成長しました。

　ターゲットが「優れた寝具を求めるユーザー」から、「パフォーマンスを落としたくないアスリートやトレーナー」にガラリと変わっていますよね。既存ターゲットにとらわれず、商品の特徴やメリット、価値を強く求める人に向けて、魅力的なベネフィットを訴えたのです。

光で人を起こす目覚まし時計

「音や振動がでない目覚まし時計」が、バカ売れした事例も面白いです。人が朝日で目が覚める習性を活かした、「光で人を起こす目覚まし時計」です。

　最初は売れなかったそうですが、「朝起きるための商品」ではなく、「不眠症改善の商品」として訴求しはじめたらメガヒット。光で体内時計を整え、眠りのリズムを習得させ、「睡眠の質を改善する商品」として売りだ

したのです。

　ターゲットが「朝起きたい人」ではなく「ぐっすり眠りたい人」へガラリと変わっています。これも、既存ターゲットにとらわれず、商品の特徴やメリット、価値を欲しがる人に向けて、魅力的なベネフィットを訴えた事例です。

集中力アップカード

　弊社もこの方法で、多くの売りにくい商品のコピーを書き、成功させてきました。今でも忘れられないのが、「60秒見るだけで集中力がアップするカード」です。

　コンセプトが新しすぎて非常に悩みましたが、「試合前の60秒で集中力を高めて勝つ方法」として訴求を考え、多くのスポーツ愛好家から反響を得ることになりました。

　他にも、このような訴求を考え、セールスに成功してきました。

【商品】「インナーマッスルを鍛える1万円のトレーニング器具」からの…
もっとキレイになりたいあなたへ
女優さんのような姿勢美人になる方法（肩や背中のコリもスッキリ）

【商品】「販売実績0件の売れない空気循環システム」からの…
真冬の寒さが厳しいけど、床暖房はコストが高いとお悩みの方へ
これを置くだけで、足元からポカポカ温まる「陽だまり空間」が手に入ります。（しかも、空調費が最大30％削減）

【商品】「実績に乏しいマーケティングコンサルタント」からの…
安い顧問しか契約できない税理士の方へ
月額5万円の顧問契約が増えるメニューの作り方を教えます。

どれだけ売りにくい商品でも、必ずその特徴やメリット、価値を強く求めるターゲットがいるものです。彼らを見つけて、最高のベネフィットを提案できれば結果は大きく変わります。

タイプ③で勝つ訴求の作り方Ⅱ
ターゲットを変えずに売れる訴求を作る

　次は、「ターゲットを変えずに売れる訴求を作る方法」をご紹介します。先ほどお伝えした方法は、ターゲットをガラリと変えて、売れる訴求を作る方法でした。

　しかし、商品によっては、ターゲットを変えられないケースがあります。そんなときに有効な方法です。たとえば、次は弊社が対応した事例ですが、あなたならどのような訴求を考えますか？

> **歯を安全に削る基本技術が学べるセミナーDVD（歯科医師向け）**

　この商品の問題点は、売り先が歯科医院の院長に限定されていることでした。販売できるターゲットは、DVD販売会社が保有する歯科医院の院長リストのみ。

　そうなると、この商品はコンセプト自体が矛盾しています。歯科医院を開業している時点で、歯を安全に削れるのはあたりまえですよね。今さら学ぶ技術ではありません。

　それでも「こういったDVDを作ってしまったので売って欲しい」というご相談をいただきました。信じられないかもしれませんが、セールスコピーライターをしていると、このような案件はめずらしくありません。

　さて、どうすればよいのでしょうか？

このようなケースでは、次の３つのステップで訴求を考えます。

ターゲットを変えずに売るステップ①
商品から離れて、ターゲットが抱える強い悩みや欲求を洗い出す

ターゲットを変えずに売るステップ②
その悩みや欲求を解決できる要素が、商品特徴にないか深掘りする

ターゲットを変えずに売るステップ③
ステップ②で見つけた特徴やメリットから「欲しいベネフィット」を考える

この歯科医師向けセミナーDVDの事例で、詳しく解説していきましょう。

●ターゲットを変えずに売るステップ①

商品から離れて、ターゲットが抱える強い悩みや欲求を洗い出します。つまり、歯科医院の院長についてリサーチするわけですが、こんな悩みや欲求がわかりました。

・患者減少、競合過多などで経営に悩む
・今後は自費診療や予防診療を増やしたい
・マーケティングやマネジメントも学ばないといけない
・患者さんの笑顔が何よりのやりがい
・スタッフがすぐに辞める、DHの雇用が難しい
・スタッフとの人間関係がうまくいかない
・多くの院長先生が若手勤務医の実力不足に悩む
・その理由は、歯科医師は、卒後の勤務で実践的な技術を覚えるから
・しかし、充分な指導時間がとれない

実際はもっと多くの悩みや欲求をリストアップしましたが、このリサーチで気づくべきことがあります。それは、**本商品が解決できそうな悩みが存在していること**です。具体的に、この３つです。

---

　①多くの院長先生が若手勤務医の実力不足に悩む
　②その理由は、歯科医師は、卒後の勤務で実践的な技術を覚えるから
　③しかし、充分な指導時間がとれない

◉ターゲットを変えずに売るステップ②

　この３つの悩みを解決できる要素が、商品特徴にないか深掘りします。すると、このような特徴が見つかりました。

・歯を安全に削る基本技術がしっかり学べるDVD
・高度な技術や応用技術ではない
・どこでも実践されているベーシックな技術が学べる
・演者は、若手ドクター育成の講師としても活躍
・実技映像がたっぷり収録されているので、目で見て技術習得できる

　ここまでのステップで、狙うべきターゲットの悩みや欲求と、それらを満たせる理由がわかりました。情報を整理すると次のようになります。

注目すべき悩み・欲求

①多くの院長先生が若手勤務医の実力不足に悩む

②その理由は、歯科医師は、卒後の勤務で実践的な技術を覚えるから

③しかし、充分な指導時間がとれない

その悩み・欲求を解決できそうな要素

・歯を安全に削る基本技術がしっかり学べる DVD

・高度な技術や応用技術ではない

・どこでも実践されているベーシックな技術が学べる

・演者は、若手ドクター育成の講師としても活躍

・実技映像がたっぷり収録されているので、目で見て技術習得できる

痛かったら、手を上げてね〜

●ターゲットを変えずに売るステップ③

あとは、ターゲットが反応するベネフィットを考えるだけ。ステップ②で見つけた特徴やメリットから「欲しいベネフィット」を考えます。

当時の私が導きだしたベネフィットは、「若手ドクターを教育する手間が省ける」です。

ここまで進めば、あとは「誰に何を言うのか？」という流れで短い文章を考えれば訴求は完成します。

実際にこの訴求をベースに書いた次のコピーで、歯科医師向けセミナーDVDは飛ぶように売れました。

新卒のドクターを採用するクリニックへ
この方法なら、若手を教育する手間が省けます

●ターゲットを変えずに売るときの最大のポイント

この訴求作りのポイントは、「商品から離れてターゲットの感情を広く深く知ること」。

彼らが普段、どのようなことに悩み、どのような欲求を持っているのかを徹底的にリサーチすることで、新たなセールスポイントを導きだします。

専門的な商品を売るときに使える方法です。弊社は専門的な商品の依頼が多いのですが、実際に次の訴求を考え、セールスに成功してきました。

【商品】「1本2万円する無名のトリートメント剤（美容院向け）」からの…
売上を減らしたくない美容院オーナーへ
1回5,000円でもリピートが絶えない、
売れるトリートメント施術メニューを作りませんか？

【商品】「1台70万円する治療機器（整体院や整骨院向け）」からの…
売れる施術メニューをお探しの治療院経営者へ
1ヶ月で150名が申込んだ人気の施術メニューが、
設置したその日から使えるようになります

【商品】「特殊清掃技術が学べるセミナーDVD（清掃業者向け）」からの…
安売りに疲れてしまった清掃業の方へ
時給49,000円の仕事が受注できる、特殊清掃技術を学びませんか？

すぐ終わるから、ちょっと我慢ね〜

え〜っ

ターゲットタイプ③に効果的な訴求を作る２つの方法 ……

方法① 商品特徴から「新たなターゲット」を探す
方法② ターゲットの悩みや欲求から「新たな訴求」を探す

方法① 商品特徴から新たなターゲットを探す ……………………

ステップ①
商品の特徴やメリット、価値を徹底的に洗い出す

ステップ②
既存ターゲットにとらわれず、
その特徴やメリットが「欲しい人」を探す

ステップ③
「欲しい人」が強烈に反応するベネフィットを考える

ポイント
・ターゲットがガラリと変わる
・タイプ③の中でも、より欲求の強いターゲットを新たに探す方法

方法② ターゲットの悩みや欲求から新たな訴求を探す……

ステップ①
商品から離れて、ターゲットが抱える強い悩みや欲求を洗い出す

ステップ②
その悩みや欲求を解決できる要素が、商品特徴にないか深掘りする

ステップ③
ステップ②で見つけた特徴やメリットから「欲しいベネフィット」
を考える

ポイント
・商品から離れてターゲットの感情を広く深く知る
・専門的な商品で使える訴求の作り方

訴求 =「誰に」＋「何を言うのか？」………………………
方法①②で導きだしたアイデアを、この公式で短い文章にする

第 6 章

売上が2倍変わる
「キャッチコピー」

「キャッチコピーの本質」を知る2つの質問

ここまでは、訴求の考え方についてお伝えしてきました。

セールスコピーは訴求作りが8割。「誰に何を言うのか？」をしっかり考えることが何よりも大切です。売れる訴求がなければ売れるコトバは生まれません。

しかし、**残り2割の「表現」も重要**です。訴求を魅力的に表現することで、セールスコピーは最大の効力を発揮します。ここからは次の話に移ります。

> 「何をどう書くのか？」つまり、コピーの表現です。

最初にお伝えしたいコピーの表現は「キャッチコピー」について。

あなたは、この質問に30秒で回答できますか？

以下の問いに答えられますか？

質問①「キャッチコピーとは何か？」
質問②「なぜ、キャッチコピーが重要なのか？」

もし、回答できなくても大丈夫。

経験者でさえスラスラ回答できる人は多くありません。売れるキャッチコピーが書けない理由はまさにここです。目的が曖昧（あいまい）な状態で書きはじめているのです。

世の中にはキャッチコピーの表現技術がたくさん紹介されていますが、それらを使いこなすためにも、まずは基礎知識をしっかりと習得しましょう。

キャッチコピーの基礎知識

キャッチコピーは、広告の一番目立つところに大きく表記されています。

●どの媒体にもキャッチコピーが存在する

　ランディングページやチラシ、ダイレクトメールだけではなく、どのような媒体にもキャッチコピーが存在します。お客さんの視界へ最初に飛び込むコピーが、キャッチコピーになるとお考えください。

　つまり、**メールならば「件名」、ブログならば「タイトル」、YouTubeならば「サムネイル」や「タイトル」がキャッチコピーにあたります**。広告を作るとき、各媒体のどの部分がキャッチコピーになるかをわかっておきましょう。

　なぜなら、**キャッチコピーの良し悪しで、広告のレスポンスが大きく変わる**からです。

キャッチコピーでレスポンスが激変した例

　広告文章のみで考えると、キャッチコピーの重要性は9割を超えます。つまり、キャッチコピーは広告文章で何よりも重要。

　その理由は、たった数行のキャッチコピーで売上が大きく変わってしまうから。売上が2倍以上変わることもあります。

　その効果を知っていただくために、いくつかの事例をご紹介しましょう。

100万部突破のベストセラー書籍

『思考の整理学』（筑摩書房）というロングセラー本の話です。

　もともと『思考の整理学』は、出版して20年間で17万部の本でしたが、ある時期を境にリバイバルヒットします。

　まずは、2007年の話。帯のキャッチコピーが「もっと若い時に読んでいれば、そう思わずにはいられませんでした」に変わりました。すると、たった1年半で51万部を突破。

　次に2009年、帯のキャッチコピーが「東大・京大で一番読まれた本」に変わると、さらに売れて100万部を突破します。

　出版20年で17万部だった本が、その後に100万部を超えることは通常考えられません。

　リバイバルヒットの背景には、書店や出版社の営業努力もあるでしょう。本の内容がすばらしいことも売れた理由として大きいですが、帯のコピーが変わったタイミングで、急激に部数が伸びた事実は無視できません。

売上が2倍変わった少年野球レッスンDVD

　次は弊社の事例です。10年以上前の話ですが、少年野球向けのレッスンDVDを売るコピーを依頼されました。

　出演する講師は、阪神タイガースの元選手です。そこで、キャッチコピーだけが異なる2つの広告を用意して、テストしてみました。

キャッチ A
夏の甲子園で打率 .688、3本塁打の驚異の記録を残し
全国制覇を成し遂げた阪神タイガースドラフト1位選手が…
ついに、そのスイング理論の一部始終を一般公開

キャッチ B
阪神タイガースドラフト1位の元プロが教える超ヒット打法で
あなたのお子さんに強烈なヒットを打たせてみませんか？

　キャッチコピー以外は、すべておなじクリエイティブです。使用した広告媒体、ボリューム、時期もまったくおなじでしたが、おどろくような差が生まれました。

　キャッチAの広告は1ヶ月で162セットを販売。キャッチBの広告では295セットも売れました。たった数行のキャッチコピーの違いで売上が2倍近く変わったのです。

集客効果が2倍になった経営セミナー

もう1つ、弊社の事例をお伝えします。病院専門の経営コンサルタントから、セミナー集客用の案内文についてご相談いただきました。

彼が使用していた元のキャッチコピーは、次のとおりです。

キャッチA

医師が進んで経営に関わるようになる「お金の話」

利益が職員のモチベーションになる

ビジョンに導かれる「キャッシュフロー経営」とは

このキャッチコピーで、毎回20名ほどを集客していたそうです。しかし、次のキャッチコピーに変えると、すぐに50名満席となりました。

キャッチB

赤字にあえぐ中小病院が

年間2億円以上の増収を実現している方法

そのレスポンス差は2倍以上。参加費3万円のセミナーでしたが、たった数行のキャッチコピーを変えるだけで、2回連続50名満席の集客に成功したのです。

なぜ、キャッチコピーで
反応が大きく変わるのか?

　その理由はたった1つ。お客さんは、キャッチコピーを見て、その広告を読むかどうかを判断するからです。つまり、**キャッチコピーで注意を掴_{つか}まなければ、その後のコピーを読み進めてもらえません**。

　読まれなければ商品の価値が伝わらない、一言でいうと、売れないということです。キャッチコピーがダメだと、どれだけ他のコピーが良くても、デザインが良くても、便利な機能があっても、お金をかけて広告しても、すべてが水の泡になります。

　ここで最初にお聞きした質問の答えをだしましょう。

本章冒頭の問いへの答え

質問①「キャッチコピーとは何か?」
→読み手の注意を一発で掴み、続きを読む気にさせるコトバ。

質問②「なぜ、キャッチコピーが重要なのか?」
→キャッチが悪いと広告が読まれない。つまり、売れないから。

　基本的ですが、とても重要なことなので必ず覚えてください。
　また、**売れるキャッチコピーを作るには、優れた訴求が欠かせません**。なぜなら、優れた訴求を魅力的に表現した短い文章が、売れるキャッチコピーになるから。

　この本質を見失うと、小手先の表現技術に走って、売れないキャッチコピーを書き続けることになります。

一発合格なんて目指さなくてOK

キャッチコピーを書くとき、ご注意いただきたいことがあります。それは、一発合格を目指さないこと。できるだけたくさんのキャッチコピーを作りましょう。

◉ 30個作って後日に見直す

キャッチコピーを作れば作るほど、新たな表現アイデアが生まれ、クオリティも良くなります。初心者の方は、少なくても30個は考えてください。

また、キャッチコピーを複数考えたあと、数日間放置して見直すことも重要です。冷静になってから見直すと改善すべきところがわかり、さらに良いキャッチコピーが作れるようになります。

◉ 2つ選んでテスト

プロでも、いきなり良いキャッチがでることは多くありません。複数のキャッチコピーを考えてから、その中で良いものを2つ選び、広告テストするのが一般的です。広告テストについては、第17章で詳しく解説します。

読み手の視界へ最初に飛び込むコトバがキャッチコピー

・たった数行のキャッチコピーでレスポンスは大きく変わる

・どの媒体にもキャッチコピーは存在する

キャッチコピー2つの特徴

① キャッチコピーの目的は、読み手の注意を一発で掴み、続きを読む気にさせる

② キャッチコピーが悪いと広告が読まれない（つまり、売れない）

一発合格を目指さない

・キャッチコピーは少なくても30個は考えて、後日に見直す

6

リサーチを成功させる3つのポイント

　訴求を考える前のリサーチはとても重要。情報不足では、よいアイデアに出会えません。では、リサーチはどうやればよいのか？

　私は、リサーチに明確な方法論は存在しない、と考えてます。**テンプレートにあてはめてリサーチをすると、毎回似たような情報しか集まらず、本当に知るべきことを逃してしまうリスクがあります。**

　リサーチ内容は、案件ごとで柔軟に考えましょう。そのうえで、心得ておきたい3つのポイントをお伝えします。

①「確証バイアスに注意」

　確証バイアスとは、持論を裏付けるために情報収集が偏る傾向のこと。ネットリサーチでは、多くの情報が得られる反面「確証バイアスの沼」にハマりやすいので、ご注意ください。必ず逆の意見、他の意見も探しましょう。

②「他社より劣る点を素直に認める」

　商品に自信を持つことは良いことです。しかし、良い商品は他にもたくさんあります。他社より劣る点を素直に認めなければ、都合の良い考えでリサーチすることになり、訴求がダメになります。

③「3つの質問」

　リサーチをある程度やったら、この3つの質問に答えてみましょう。
① なぜ、その商品が必要なの？
② なぜ、その商品じゃないとダメなの？
③ なぜ、今すぐ買った方がいいの？

　1分以内にスラスラ回答できなければリサーチ不足。なぜ、回答できないかを考えましょう。それこそが、本当に調べるべき情報です

第7章

初心者でもできる「キャッチコピー」4ステップ法

ムダな言葉を省こう

キャッチコピーの書き方ですが、まずは、もっともシンプルな表現方法をお伝えします。この章でお伝えする方法を使えば、初心者でも、それなりのキャッチコピーが作れるでしょう。結論から申しあげます。

> キャッチコピーとは、
> 訴求を魅力的に表現した短い言葉のこと。

つまり、表現をこねくりまわさなくても、**訴求を読みやすく、わかりやすくするだけで立派なキャッチコピーになります**。そのためには、訴求からムダな言葉を省くことが重要であり、それは難しくありません。次の4つのステップに沿って訴求からムダを省けば、誰でも簡単に魅力的なキャッチコピーを作れます。

ステップ① ターゲティングコピーを省く

訴求を作るとき「誰に」を考えましたよね。**「○○のあなた（方）へ」という読み手を絞り込んだ部分ですが、これをターゲティングコピーと呼びます**。

カクテルパーティー効果
ターゲティングコピーは、絞り込んだ読み手から注目される「カクテルパーティー効果」を生みます。**カクテルパーティー効果とは、自分に関係する情報、興味を持つ情報へ意識が働く現象のこと**。たとえば、満員電車で「おいメガネ！」と叫んだらどうなるでしょうか？ メガネをかけた多くの人が振り向きますよね。「○○のあなた（方）へ」という表現は、ターゲットから「私のこと？」という反応が期待できる効果的な表現方法です。

おい、そこのメガネ
今ならコンタクトが
30% Off だぞ……

メガネ屋さんのチラシでも
それは、マズいんじゃない?

　しかし、**ベネフィットを表現するコピーに、読み手を絞り込んだ要素が****ある場合は省いてもOK**。たとえば、こんな訴求があったとしましょう。

> **例)コピーライティング講座**
> チラシの反応にお悩みの方へ
> たった2〜3行の言葉を加えるだけで
> 問合せが倍増する方法を教えます

　「チラシの反応にお悩みの方へ」がターゲティングコピーで、ベネフィットを表現するコピーは「たった2〜3行の言葉を加えるだけで問合せが倍増する方法」です。
　このベネフィット部分に「チラシ」という言葉を入れると次のキャッチコピーになります。

> チラシの反応にお悩みの方へ
> たった2〜3行の言葉を加えるだけで
> チラシへの問合せが倍増する方法を教えます

　1行目にあるターゲティングコピーは必要でしょうか?
　ベネフィット部分に「チラシ」という言葉が入っているので、わざわざ

「チラシの反応にお悩みのあなた（方）へ」と呼びかける必要がなくなりますよね。

　次のキャッチコピーで充分、ターゲットの注意を掴めます。

> たった2〜3行の言葉を加えるだけで
> チラシへの問合せが倍増する方法を教えます

　ベネフィット部分にターゲットを絞り込んだ言葉を加えれば、長いターゲティングコピーは省いて問題ありません。読みやすくわかりやすいキャッチコピーに変わります。

ステップ② 長文を分割してリズムよく

　長いキャッチコピーを否定する気はありません。長くても反応が良いケースはあるからです。問題はリズム感が悪く読みにくいこと。

　そもそもお客さんは広告を読む気がありません。そのため、**第一声となるキャッチコピーは、リズムよくサクサク読める表現が重要**です。

　ここでは、長いキャッチコピーをリズムよく読ませるための修正方法についてお伝えします。

　たとえば、こんなキャッチコピーがあったとします。

> 「ポチらせる文章術 実践ラボ」は
> 月額880円で著者のサポートを受けながら
> たった2〜3行で売上がアップする
> キャッチコピーの作り方が習得できます

長めのキャッチコピーですが、短文に分割することで、リズムよく読めるように修正できます。

　コツは、長い一文を「。」で終わらせた複数の短文に分割すること。

> 「ポチらせる文章術 実践ラボ」月額 880 円。
> たった 2 〜 3 行で売上がアップする
> キャッチコピーの作り方が習得できます。
> 著者のサポートあり。

　キャッチコピーに「。」は必要ないので、最終的には次のキャッチコピーになります。

> 「ポチらせる文章術 実践ラボ」月額 880 円
> たった 2 〜 3 行で売上がアップする
> キャッチコピーの作り方が習得できます
> 著者のサポートあり

「ポチらせる文章術 実践ラボ」
月額 88,000 円……

2 桁間違えるとは、ヤルわね〜

ステップ③ **不要な言葉を徹底削除**

　キャッチコピーから不要な言葉を徹底的に削除することも大切です。**ポイントは、意味が伝わるギリギリまでムダな言葉を省くこと。**

　先ほど、長文を短文に分割してリズム感を高めた次のコピーも、ムダな言葉を省くことで、もっとスッキリ表現できます。

> 「ポチらせる文章術 実践ラボ」月額880円
> たった2〜3行で売上がアップする
> キャッチコピーの作り方が習得できます
> 著者のサポートあり

↓↓↓（下線部の不要な言葉を削除）

> 「ポチらせる文章術 実践ラボ」月880円
> たった3行で売上がアップするキャッチコピーを習得
> 著者のサポートあり

「月額880円」は「月880円」と表現しても問題ありません。「たった2〜3行」は、「たった3行」または「たった2行」でも意味は伝わります。「キャッチコピーの作り方が習得できます」は「キャッチコピーを習得」に縮めても意味はおなじ。

　読むストレスを減らすには、意味が伝わるギリギリまで不要な言葉をダイエットすることが肝心です。

ステップ④ 問いかける

「こんなにスゴイんだぞ！」と言われるよりも「なぜスゴイか知りたい？」と聞かれた方が興味が持てます。**読み手に問いかけるコピーは効果的**です。

> ベネフィットを語る部分は、
> なるべく「？」が似合う表現に変えましょう。

先ほど、ギリギリまで不要な言葉を省いた次のコピーも、ベネフィットの問いかけ表現で、さらに続きが気になるキャッチコピーに変わります。**代表的な問いかけ表現は、「なぜ」「どうして」「理由」の3つ。**

「ポチらせる文章術 実践ラボ」月880円
<u>なぜ</u>、たった3行のキャッチコピーで売上がアップするのか？
著者のサポートあり

「ポチらせる文章術 実践ラボ」月880円
<u>どうして</u>、たった3行のキャッチコピーで売上がアップするのか？
著者のサポートあり

「ポチらせる文章術 実践ラボ」月880円
たった3行のキャッチコピーで売上がアップする<u>理由</u>とは？
著者のサポートあり

ただし、**表現が変になるなら、ムリに問いかけ表現をする必要はありません**。表現にこだわりすぎて、訴求を崩さないようご注意ください。

シンプルなキャッチコピー作成法

- キャッチコピーは訴求を魅力的に表現した言葉
- 訴求を読みやすく、わかりやすくするだけでも
  キャッチコピーになる
- そのためには、訴求からムダな言葉を省く

4つのステップでムダを省く

- ステップ①　ターゲティングコピーを省く
- ステップ②　長文を分割してリズムよく
- ステップ③　不要な言葉を徹底削除
- ステップ④　問いかける

第**8**章
売れるキャッチコピー「13の表現法」

表現法① ベネフィットを語る

　キャッチコピーを、より魅力的にするための13の表現法をお伝えします。ターゲットタイプが①②③のいずれでも有効な表現法なので、しっかりと使いこなせるようにしましょう。

　おさらいですが、ベネフィットとは商品やサービスから得られる嬉しい未来のこと。お客さんは商品ではなく、ベネフィットを求めてお金を支払います。つまり、ベネフィットを語らないコピーは何も売らないコピーとおなじ。たとえば、この2つのキャッチコピーですが、どちらに魅力を感じますか？

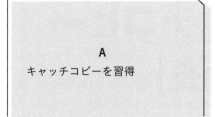

A
キャッチコピーを習得

B
売れるキャッチコピーを習得

　「B」に魅力を感じたのではないでしょうか？

　「B」は「売れる」というベネフィットがあります。キャッチコピーでは、必ずベネフィットを語りましょう。**ベネフィットがないキャッチコピーは、お客さんから読む価値のない情報と思われます**。

6兆円稼げるキャッチコピーを習得……

超うさんくさいわね〜

表現法② ベネフィットを具体的に

次の２つのキャッチコピーのうち、どちらに魅力を感じるでしょうか？

A	B
売れるキャッチコピーを習得	たった３行で、売上２倍の キャッチコピーを習得

Bの方に魅力を感じたはず。その理由は、ベネフィットが具体的に語られているから。

ご覧のとおり、具体的なベネフィットは、情報の価値を高めます。また、具体性は信憑性を高めるため、読み手の警戒心をほぐすのにも役立ちます。

前章では「ギリギリまでムダな言葉を省く」とお伝えしましたが、**ベネフィットを具体化する表現については省かないよう注意**しましょう。

表現法③ ベネフィットを現実的に

この２つのキャッチコピーのうち、どちらが信用できるでしょうか？

A	B
たった３行で、売上２倍の キャッチコピーを習得	たった１行で、売上100倍の キャッチコピーを習得

どう考えてもBのキャッチコピーは怪しいですよね。たった1行で売上が100倍になるなんて想像できません。信用できるのはAです。

このように、**オーバーなベネフィット表現は逆効果**。読み手から「うそクサイ」と思われたら、その時点でページを閉じられます。ベネフィットには、現実的で魅力的な表現を心がけましょう。

表現法④ 読み手を絞り込む

「○○のあなたへ」という表現です。前章でもお伝えしたターゲティングコピーですが、この表現が効果的な状況があります。それは、ターゲットが絞り込めない媒体で広告をするとき。

「○○のあなたへ」という表現は、新聞折込やポスティング、看板、セグメント機能が弱いバナー広告など、不特定多数が接触する媒体で、特定のターゲットから注目を集める効果をもたらします。

●ターゲティングコピーのコツ

注意点は、読み手を具体的に絞り込んだ表現にすること。

まずは、学習塾のチラシの2つのコピーを見てください。

A	B
「わが子の成績に悩むお母さまへ」 次回の定期テストで 100点アップを約束	「大川第三中学生のお母さまへ」 次回の定期テストで 100点アップを約束

たとえば、学習塾のチラシの場合、多くの方がAのようなコピーを書いていますが、これでは不完全。

Bのように、徹底的に絞り込んだ表現にするからこそ、強いカクテルパーティー効果が得られるのです。実際、弊社はBのターゲティングコピーで100軒以上の学習塾のチラシを成功させてきました。

表現法⑤ 心の声に置きかえる

　先ほど解説した「○○のあなたへ」というターゲティングコピーですが、さらに魅力的に表現する方法があります。それは、**ターゲットの心の声に置きかえる表現法**。たとえば、アンチエイジング系の商品で、次のようなターゲティングコピーがあったとします。

> アンチエイジングに興味があるあなたへ

　悪くありませんが、ターゲットの注意を一瞬で掴むには、普通すぎると思いませんか？ 実際、このようなターゲティングコピーはよく見かけます。そのため、ライバル広告に埋もれてしまう可能性が高いです。
　この場合、「○○の」をターゲットの心の声に置きかえることで、より鋭いターゲティングコピーを作れます。たとえば、次のようなコピーです。

> 若かったあのころに、戻りたいあなたへ

　なぜ、「心の声」に置きかえるとレスポンスが良くなるのか？ その理由は、読み手の共感を得やすくなるから。一度でも脳内でつぶやいたことのある言葉は、読み手にとって馴染みがあるため、より強烈なカクテルパーティー効果が期待できるからです。

表現法⑥ 数字を上手に使う

「数字表現」は、キャッチコピーの効果を高めるうえで非常に重要です。たとえば、左と右のコピーを見比べてください。

とても大きな国	⇔	日本の10倍大きい国
予約がとれない	⇔	3ヶ月予約待ち
リピーター続出	⇔	10人中9人がリピート
参加者全員が満足	⇔	参加者100人全員が満足
翌日にお届け	⇔	24時間以内にお届け

パッと見て気になるのは、どちらでしょうか？

意味や価値が瞬時に伝わるのは、どちらでしょうか？

右側のコピーは、数字を使って情報を伝えています。**数字は見た目に目立つ効果（視認性効果）が高く、伝えたいことを一瞬でイメージしてもらえます**。

これまで多くのコピーを書いてくる中で、私は、そのほとんどのキャッチコピーで数字表現を使用してきました。

数字表現が、レスポンスに大きな影響をもたらすからです。

ただし、何でもかんでも数字で表現すれば良いのではありません。「数字表現」を効果的に使うには、次の3つの注意点があります。

> i 具体的な数字
> ii 価値が即理解できる表現
> iii 単位を魅力的にコントロール

● i 具体的な数字

　キリの良い数字の方がスッキリみえますが、キャッチコピーの場合、具体的な数字の方が反応は増えます。

　その理由は、具体的な数字が信憑性を高めるから。たとえば、次のコピーを見比べたとき、どちらが信用できるでしょうか？

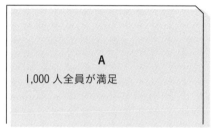

A	B
1,000人全員が満足	1,000人中982人が満足

　もし、Aが事実ならばすばらしいことです。

　しかし、顧客の100％が満足する商品は世の中に存在しないでしょう。あったとしても、そう簡単に信用できません。

　つまり、Bの**具体的な数字を語るコピーの方が信憑性を高め、情報の価値を高めます**。

6兆4029円稼げる
キャッチコピーを習得……　　　わかってないわね〜

● ii 価値が即理解できる表現

たとえば、購入者のほとんどがリピートする人気の生食パンがあったとします。リピート率は90％。この事実を伝える際、どちらのコピーが良いと思いますか？

A リピート率90％の生食パン	B 10人中9人がもう一度買ってしまう生食パン

どちらも悪くないコピーに思えますが、「リピート率」は売り手側が使用する言葉です。消費者目線で考えると、リピート率90％よりも「10人中9人がもう一度買ってしまう」と伝えた方が、人気ぶりをすぐに理解してもらえます。

数字表現はターゲットがその価値を即理解できる表現にこだわりましょう。

●iii 単位を魅力的にコントロール

人、個、日、分、秒、kg、g、mg、％、円など、基本的に数字には単位が付属します。この単位をコントロールすれば、もっと魅力的に数字表現できます。

たとえば、次の2つのコピーを見比べてください。

A	B
1日6,000個売れている	15秒に1個売れている

Bは一時期、通販広告でよくみかけた表現です。ハイスピードで飛ぶように売れているイメージがわきますよね。

実は、AもBも意味はおなじです。Bは1日6,000個の実績を、秒単位に換算しただけ。**状況に合わせて単位を魅力的にコントロールすれば、数字表現はさらに効果を発揮**します。

●数字をキャッチに使う注意点

ここで、注意点を1つ。

数字表現はキャッチコピーへのレスポンスに大きく影響しますが、**数字だらけのキャッチコピーだと読みにくくなりますので、文章量の20%以下を目安に使いこなしましょう。**

00011000100011001
10110010011001……

2進法コピーなんて斬新ね～

表現法⑦ 結果・実績を見せる

　もし、**すばらしい実績があるならば、キャッチコピーで見せましょう。**「お客さんは広告を信じない」という高い壁を乗り越えるうえで、大きな効果をもたらします。

　たとえば、次はコピーライティング講座を案内する内容です。たった1行の実績があるだけで、情報の価値が大きくアップしています。

A	B
売れるキャッチコピー講座	売れるキャッチコピー講座 （受講生の95％が成功）

表現法⑧ ビフォーアフター

　ビフォーアフターとは、過去と現在の劇的な違いを語る表現です。

　もし、あなたの商品にビフォーアフター実績があるならば、キャッチコピーで見せましょう。古典的な方法に思われるかもしれませんが、今でも効果的です。

　たとえば、ライザップのテレビCMは今でも多くの人の記憶に残っています。

ビフォーアフターの効果的な見せ方

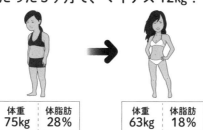

え？　運動も食事制限もなしで
たった３ヶ月で、マイナス12kg！

体重	体脂肪
75kg	28%

体重	体脂肪
63kg	18%

　ただし注意点を１つ。**つまらないビフォーアフターなら見せない方がマシ**。ビフォーアフターは「これはスゴイ！」と感動できる内容が求められます。

　見せ方ですが、**ビフォーアフターを画像で表現できるならば、キャッチコピーのすぐ下に置くのが効果的**です。

　また、**画像で表現できないビフォーアフターでも、文章だけで表現することが可能**です。

　その際ですが、**どんな状態が、どのように変化したのかを「お客様の声」で伝えるのがオススメ。なるべく数字を入れて表現**しましょう。

　次のコピーは、「治療家専用のSNS集客講座」を売りたいときの「文章によるビフォーアフター例」です。

こんなのはじめて
先月 Facebook から
30 名の予約が入りました
（整体師 山田）

表現法⑨ **社会的証明を見せる**

「人は多くから選ばれている方を選ぶ」という心理効果を、社会的証明やバンドワゴン効果と呼びます。

　この心理効果は、多くの実験で明らかにされており、私自身もこれまでに対応した広告で痛感している事実。わかりやすいところでいうと、次のようなコピーは効果があります。

> 「○○ランキングで1位」
> 「たった3日で10,000人が殺到！」
> 「○○業界ナンバーワンのシェア」

　コピーを読む人のほとんどが「本当か？」と疑っていますから、もし、**商品の人気がわかる証拠を用意できるならば、キャッチコピーで見せましょう。論より証拠**です。

　もし、**お客の顔写真がたくさんあるのなら、アイキャッチ画像として、キャッチコピー付近に大量掲載する方法もオススメ**です。

キャッチコピー付近に顔写真を大量掲載すると効果的

なぜ、○○塾の現役合格率は○○％を誇るのか？

表現法⑩ 権威を見せる

たとえば、こんなコピーを見たことはありませんか？

> 耳鼻科医も認めた、花粉症対策

このコピーは権威を活用しています。

権威とは、医師、弁護士、大学教授、専門家、著者、アスリート、芸能人、セレブなど社会的に信用力の高い人が認めている事実のこと。権威が備わったコピーは、説得力が増します。

近年ならSNSの「インフルエンサー」も権威の象徴と呼べるでしょう。彼らが良いと言ったものは、飛ぶように売れてしまいますから。

◉人物だけではなく組織にも注目

権威は「人物」だけではなく、信用力の高い「組織」も使えます。「皇室御用達」なんて、わかりやすい表現ですよね。

他にも「米国警察で正式貸与品」「歯科医師会が認めた」「NASAが開発」「グーグルも採用」など、いろんな権威が存在します。

もし、あなたの商品に権威を持たせることができるならば、活用しない手はありません。権威があるだけで情報の価値がアップします。

みんなのコピーが認めた……　　私とあんたには響くわ

表現法⑪ カンタン、すぐに、誰でもできる

「○○するだけで」「たった○○で」「ズボラな私でも」など、本当かよ！とツッコミを入れたくなるようなコピーを見たことはありませんか？

たとえば、ビジネス書で見受けられますが、**「カンタン」「すぐに」「誰でもできる」の三拍子を謳ったコピーは、お悩み解決商品でよく使われます**。

他にも、ダイエット、勉強、恋愛、お金儲け、日常生活の不便を解消するグッズなどに使われます。

◉信憑性を高める３つのポイント

「カンタン」「すぐに」「誰でもできる」という表現は、非常に効果的です。

しかし、**誇大広告の印象が強まるため、読み手から拒絶されるリスクも伴います**。もし、「カンタン」「すぐに」「誰でもできる」の三拍子を使いたいならば、次の３つのいずれかを加えましょう。

> ① ベネフィットはリアルサイズ
> ② 社会的証明や権威を提示
> ③ 証拠を見せる

注意点を１つ。ウソを伝えることは絶対にダメです。

事実が伴う場合にのみ「カンタン」「すぐに」「誰でもできる」の三拍子は使えます。

表現法⑫ 五感に訴える

次の3つのキャッチコピー例ですが、ABのどちらに魅力を感じますか？

<table>
<tr><td>

A

お肌がよろこぶ、
話題のスキンケア

</td><td>

B

ぷるるん潤い、キュッとひきしめ
話題のスキンケア

</td></tr>
<tr><td>

A

ヘルメットの中が、涼しく快適

</td><td>

B

ヘルメットの中が、ひんやり快適

</td></tr>
<tr><td>

A

濃厚な肉汁が、
たっぷりあふれだす！

</td><td>

B

濃厚な肉汁が、
お口いっぱいジュワ〜っとひろがる！

</td></tr>
</table>

1　2　3　4　5　6　7　**8**　9　10

見比べると、Bの方が魅力的に感じたはずです。その理由は、ベネフィットを五感に訴えているから。五感とは、視覚、聴覚、触覚、味覚、嗅覚のこと。わかりやすく言えば、**目、耳、肌、舌、鼻で感じられること**です。

ベネフィットを五感に訴える表現は効果的。なぜなら、嬉しい未来をもっとリアルにイメージできるからです。

●五感に訴えるコツ

どうすれば、五感に訴える表現ができるのか？

コツは、快楽に満たされる瞬間に注目すること。**ベネフィットを体験するとき、お客さんの目、耳、肌、舌、鼻は何をどのように感じるのか？**

ここを追求すれば、五感に訴える良い表現が見つかります。五感に訴える表現は、美容系やグルメ系以外の商品にも使えます。たとえば、集客効果をベネフィットにした次のコピーを見比べてください。

A たくさん集客できます	B お申込みの電話が鳴りやみません

Bは、たくさん集客できるベネフィットが具体的にイメージできますよね。その理由は「電話が鳴りやまない」という表現で「聴覚」に訴えているからです。

クレームの電話が鳴りやみません……

絶対レスポンスゼロだわ～

110

表現法⑬ 続きを読ませる

　キャッチコピーの役割は、読み手の注意を一瞬で掴み、続きを読ませること。続きを読ませるために知っておきたい心理効果があります。それはザイガニック効果（ツァイガルニク効果）。

●ザイガニック効果とは？

　ザイガニック効果とは、完成したものよりも未完成のものに興味を持ってしまう心理のこと。

　つまり、**キャッチコピーでは、あえて未完成の情報を伝えることで、読み手の好奇心を高めることが可能になります**。

　キャッチコピーを読んだ人に「なんで？」「どういうこと？」と思わせるのがポイントです。

　たとえば、次のキャッチコピーを見てください。

A
たった10秒！
このクリームを塗れば、
満員電車でマスクをしても
メガネが曇りません

B
たった10秒！
満員電車でマスクをしても
メガネが曇らなくなる方法

　Aは、キャッチコピーを見るだけで、ベネフィットが手に入る答え（曇り止めのクリーム）がわかります。

　しかし、Bは、答えとなる商品が隠されているため、続きを読まなければ完結しません。

読み手が「なんで？」「どういうこと？」と思うのは、言うまでもなくB。つまり、Bはザイガニック効果を上手に活用したコピーです。

すべてのキャッチコピーに共通する注意点

以上で、キャッチコピーを強化する13の表現法をお伝えしてきました。すべての表現法を毎回使う必要はありません。使えそうな表現法、効果がありそうな表現法をその都度選ぶようにしましょう。

> もっともダメなのは、
> 表現にこだわりすぎて意味がわからなくなること。

キャッチコピーは訴求を魅力的に表現した言葉です。何よりも訴求がパッと伝わる表現にこだわりましょう。

おすもう部屋に入っても
太らない方法……

おすもうさんにすら
響かないわね〜

表現法① ベネフィットを語る

キャッチコピーを習得　⇒
売れるキャッチコピーを習得

表現法② ベネフィットを具体的に

売れるキャッチコピーを習得　⇒
たった3行で、売上2倍のキャッチコピーを習得

表現法③ ベネフィットを現実的に

× 　たった1行で、売上100倍のキャッチコピーを習得
○ 　たった3行で、売上2倍のキャッチコピーを習得

表現法④ 読み手を絞り込む

× 　わが子の成績に悩むお母さまへ
○ 　大川第三中学生のお母さまへ

表現法⑤ 心の声に置きかえる

アンチエイジングに興味があるあなたへ　⇒
若かったあのころに、戻りたいあなたへ

表現法⑥ 数字を上手に使う ·····························

i 具体的な数字

1,000 人全員が満足　⇒　1,000 人中 982 人が満足

ii 価値が即理解できる表現

リピート率 90％の生食パン　⇒　10 人中 9 人がもう一度買ってしまう生食パン

iii 単位を魅力的にコントロール

1 日 6,000 個売れている　⇒　15 秒に 1 個売れている

表現法⑦ 結果・実績を見せる ·····························

売れるキャッチコピー講座　⇒
売れるキャッチコピー講座（受講生の 95％が成功）

表現法⑧ ビフォーアフター ·····························

画像がある場合は、キャッチコピーの下に掲載

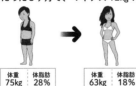

え？　運動も食事制限もなしで
たった 3 ヶ月で、マイナス 12kg！

体重 75kg　体脂肪 28％　→　体重 63kg　体脂肪 18％

ビジュアル要素なし

（前と後の変化を“数字表現”と“お客様の声”で伝える）

こんなのはじめて

先月 Facebook から

30 名の予約が入りました

（整体師 山田）

表現法⑨ 社会的証明を見せる

多くの人から選ばれている事実やデータを見せる

○○ランキングで 1 位

たった 3 日で 10,000 人が殺到！

○○業界ナンバーワンのシェア……など。

表現法⑩ 権威を見せる

権威が伝わる要素を加える

耳鼻科医も認めた、花粉症対策

皇室御用達の味噌

歯科医師会が認めた歯ブラシ……など。

表現法⑪ カンタン、すぐに、誰でもできる

この3つのいずれかを併用して表現する

① ベネフィットはリアルサイズ

② 社会的証明や権威を提示

③ 証拠を見せる

表現法⑫ 五感に訴える

快楽に満たされる瞬間に注目して表現を考える

濃厚な肉汁がたっぷりあふれだす！　⇒

濃厚な肉汁が、お口いっぱいジュワ〜っとひろがる！

たくさん集客できます　⇒

お申込みの電話が鳴りやみません

表現法⑬ 続きを読ませる

キャッチコピーを読んだ人に
「なんで？」「どういうこと？」と思わせる

たった10秒！

このクリームを塗れば、

満員電車でマスクをしても

メガネが曇りません　⇒

たった10秒！

満員電車でマスクをしても

メガネが曇らなくなる方法

第**9**章

「購入意欲が高い客」
に有効な
キャッチコピー
11の表現法

「商品名」と「オファー」をズバッと語る

　この章ではターゲットタイプ①に効果的なキャッチコピーの表現方法を
お伝えします。このターゲットタイプの「感情」は次のとおりでしたね。

ターゲットタイプ①の感情

その商品が欲しくて、強い興味を持っているターゲット
・かなり具体的にその商品を探しており、条件が合えば買う気マンマン
・または、すでに、あなたのファンでセールスを待ち望んでいる

　ターゲットタイプ①はターゲットの欲求が高いため、商品と魅力的なオ
ファーをズバッと語ることが重要です。あなたが求める商品が、すばらし
い条件で手に入るよ！　とストレートに伝えるのがもっとも効果的。
　つまり、**訴求をわかりやすく修正するだけでも充分な効果が得られるの
で、初心者でもできる「キャッチコピー」４ステップ法（第７章）が、もっ
とも簡単な表現方法**になります。
　この章では、ストレートなキャッチコピーを、より効果的に見せる11
の表現法をお伝えします。

表現法① 「商品名」と「オファー」を強調

　ターゲットタイプ①のお客さんは「商品名」と「オファー」に強い興味
を持っています。つまり、この２つを目立たせることが何よりも重要。
　たとえば、こんなキャッチコピーがあったとします。

```
「大切な家族を守りたい」
マスク50枚セットを大量入荷
（しかも、10％オフ）
```

「大切な家族を守りたい」がベネフィットで、「マスク50枚セット」が商品名。オファーは「大量入荷」「10％オフ」になります。

　これでも充分有効なコピーですが、コロナウィルスによってマスクが品薄になった状況を思い出してください。「マスク50枚セット」は、ターゲットタイプ①が強く求める内容のため、商品名とオファーを目立たせた下記のキャッチコピーが、より有効になるはずです。

```
マスク50枚セットを大量入荷
しかも、10％オフ
（大切な家族を守りたい）
```

　もし、POPや看板などのスペースが限られた媒体であれば、ターゲティングコピーやベネフィットは省略しても問題ありません。ターゲット**タイプ①では、ベネフィットよりも商品名とオファーが注意を掴む**のです。

表現法② 「あの」をつける

「あの○○が」という表現を見たことはありませんか？

　これはキャッチコピーのテンプレートの1つですが、人気や話題性を匂わせる表現方法です。シンプルですが、**読み手の期待感を高める効果**があります。

たとえば、インスタントポットという調理器具が、どうしても欲しい人をターゲットにしたとき、Bのコピーの方が注意を掴めます。

A	B
「インスタントポット」が 50％割引 ボタンを押すだけで美味しく ヘルシーな料理が作れる	あの「インスタントポット」が 50％割引 ボタンを押すだけで美味しく ヘルシーな料理が作れる

表現法③「人気の」「話題の」をつける

この２つもシンプルですが期待感が膨らむ言葉です。

ターゲットタイプ①は、人気や話題性が感じられる言葉をみることで、その商品への欲求をさらに高めます。

A	B
「インスタントポット」が 50％割引 ボタンを押すだけで美味しく ヘルシーな料理が作れる	人気の「インスタントポット」が 50％割引 ボタンを押すだけで美味しく ヘルシーな料理が作れる

「人気の」「話題の」と似た、次のような言葉に変えても問題ありません。インターネットの類義語検索サービスや競合広告のリサーチで、たくさんの表現が見つかります。

類似例
「大好評の」「大評判の」「クチコミ沸騰中の」
「大流行の」「大ブームの」「大注目の」「大反響の」

表現法④「いま」をつける

先ほどご紹介した「人気の」「話題の」という表現に「いま」を加えると期待感がさらに強化されます。

いつの時代も人は流行に弱いもの。求める商品が流行っていることを知ると、ターゲットタイプ①の欲求はさらに高まります。

A	B
人気の「インスタントポット」が 50％割引 ボタンを押すだけで美味しく ヘルシーな料理が作れる	いま人気の「インスタントポット」が 50％割引 ボタンを押すだけで美味しく ヘルシーな料理が作れる

表現法⑤ 「人気の」「話題の」を具体化する

　誰に人気なのか、どこで話題なのかを具体的に示すとメッセージの信憑性が高まり、商品の価値をもっと魅力的に伝えることができます。

　また、近年の傾向として「インスタで話題」のような**SNSでの人気を伝えるコピーは非常に効果的**です。

A	B
いま話題の 「インスタントポット」が 50％割引 ボタンを押すだけで美味しく ヘルシーな料理が作れる	SNS でいま話題の 「インスタントポット」が 50％割引 ボタンを押すだけで美味しく ヘルシーな料理が作れる

表現法⑥ 「売れている」を見せる

　人気商品ならば、キャッチコピーでは「売れている」ことを遠慮なく伝えましょう。多くの人から選ばれるものを人は良いと感じるからです。次のような表現を上手に加えてください。

「売れている感」を伝えるコトバ

「いま売れている」「お申込み殺到」「売り切れ続出」「行列のできる」
「3ヶ月予約待ち」「発売たちまち完売」「リピーター続出」「一番売れてます」

「売れている感」が伝わる表現ならば、どのような言葉でも問題ありません。類義語検索サービスや競合広告のリサーチで、売れている感が伝わる表現のレパートリーをストックしておきましょう。

表現法⑦ 「ついに」をつける

これもシンプルですが、期待感の膨らむ言葉です。入手困難な商品で使用すると、たった2文字で、読み手の期待値が跳ね上がります。

A
マスク 50 枚セットを大量入荷 （しかも、10％オフ）

B
ついに、 マスク 50 枚セットを大量入荷 （しかも、10％オフ）

表現法⑧ 「緊急性」を加える

ターゲットタイプ①は商品への欲求が強いので、背中を押すコピーが効果的。キャッチコピーへ「お急ぎください」の一言を加えましょう。

たとえば、下記のコピーを見比べてください。

A
マスク 50 枚セットを大量入荷

B
お急ぎください マスク 50 枚セットを大量入荷

大量に在庫があったとしても、「お急ぎください」という一言があるだけで緊急性がアップし、急いでしまいます。

緊急性が伝われば、下記のような表現でも問題ありません。

「緊急性」を伝えるコトバ
「売り切れ御免」「次回入荷未定」「在庫限り」「早い者勝ち」など

こちらも、類義語検索サービスや競合広告をリサーチして、緊急性が高い表現のレパートリーをストックしておきましょう。

表現法⑨「ザイガニック効果」

第8章でお伝えしたザイガニック効果（ツァイガルニク効果）ですが、タイプ①のキャッチコピーでも使えます。コツは、続きを匂わせること。

たとえば、次のAとBのキャッチコピーを見比べてください。最後の言葉を少し変えるだけで、続きが気になるコピーに変わります。

A
ついに、 マスク50枚セットを大量入荷

B
ついに、 マスク50枚セットを 大量入荷しましたが……

とてもシンプルな表現法ですが、コピーの最後を「が……」にするだけで、キャッチコピーが未完成な情報となり、続きが気になるザイガニック効果の高い表現に変わります。

表現法⑩　「オファーの価値」を魅力的に伝える

第16章で詳しくお伝えしますが、**オファーとは、お客さんに約束する取引条件のこと**。強烈なオファーはレスポンスを大きく変えてしまうので、表現にはこだわりたいところです。

◉表現で変わるオファーの価値

たとえば、「豪華特典プレゼント」というオファーを、「3,000円相当の特典をプレゼント」と変えるだけで印象が変わります。

1,000円の商品を「30％割引」のオファーで売る場合、定価をだして「~~1,000円~~⇒700円」と表現できますし、「300円還元」と表現することもできます。「送料無料」というオファーも、「送料800円が無料」や「送料は弊社が全額負担します」と表現することも可能ですよね。

どの表現が良いかは、案件によってテストする必要はありますが、**オファー表現はレスポンスに影響することが多いので、もっとも価値が伝わる表現を考え抜きましょう**。

送料は半額負担……

セコッ

表現法⑪「オファーの理由」を補足

強烈なオファーはレスポンスをひとケタ変えてしまうことがあります。
　しかし、**強烈すぎるオファーは読み手から「本当に大丈夫か？」「だまされないか？」「粗悪な商品では？」と疑われてしまうことがあります**。
　たとえば、次のようなオファーのコピーを見たらどんな反応をしますか？

北海道の美味しいズワイガニが、今なら半額

これだけだと、「どうせ身がスカスカでショボイでしょ？」と疑う人もいるでしょう。
　オファーが強烈なのは良いことですが、このようなリスクを回避するためにも、オファーの理由を補足してください。
　たとえば、下記のようなキャッチコピーです。

北海道の美味しいズワイガニが、今なら半額
足が折れたり、見た目の都合で卸せなかったカニなのでこの特別価格
味やボリュームは正規商品とおなじです

大味なカニなので
この特別価格……

殴られるわよ〜

表現法① 「商品名」と「オファー」を強調

ターゲットタイプ①では、
ベネフィットよりも商品名とオファーが人々の注意を惹きつける。

表現法② 「あの」をつける

「インスタントポット」が50％割引　⇒
あの「インスタントポット」が50％割引

表現法③ 「人気の」「話題の」をつける

「インスタントポット」が50％割引　⇒
話題の「インスタントポット」が50％割引

※「人気の」「話題の」に似た他の表現例
「大好評の」「大評判の」「クチコミ沸騰中の」「大流行の」
「大ブームの」「大注目の」「大反響の」など

表現法④ 「いま」をつける

話題のインスタントポットが50％割引　⇒
いま話題のインスタントポットが50％割引

表現法⑤ 「人気の」「話題の」を具体化する

いま話題のインスタントポットが50％割引　⇒
SNSでいま話題のインスタントポットが50％割引

9

表現法⑥ 「売れている」を見せる

「いま売れている」「お申込み殺到」「売り切れ続出」「行列のできる」
「3ヶ月予約待ち」「発売たちまち完売」「リピーター続出」「一番売れてます」など

表現法⑦ 「ついに」をつける

マスク50枚セットを大量入荷 ⇒
ついに、マスク50枚セットを大量入荷

表現法⑧ 「緊急性」を加える

「お急ぎください」「売り切れ御免」「次回入荷未定」「在庫限り」「早い者勝ち」など

表現法⑨ 「ザイガニック効果」

ついに、マスク50枚セットを大量入荷 ⇒
ついに、マスク50枚セットを大量入荷しましたが……
※コピーの最後を「が……」で終わらせる。

表現法⑩ 「オファーの価値」を魅力的に伝える

豪華特典プレゼント ⇒ 3,000円相当の特典をプレゼント
1,000円の商品を30％割引 ⇒ 1,000円が700円 or 300円還元
送料無料 ⇒ 送料800円が無料 or 送料は弊社が全額負担します

表現法⑪ 「オファーの理由」を補足

北海道の美味しいズワイガニが、今なら半額
足が折れたり、見た目の都合で卸せなかったカニなのでこの特別価格
味やボリュームは正規商品とおなじです

第10章

「検討客」に有効な
キャッチコピー
9の表現法

「これまで」との違い、「他」との違いを語る

この章では、ターゲットタイプ②に効果的なキャッチコピーの表現法をお伝えします。タイプ②の「感情」は、こうでしたね。

ターゲットタイプ②の感情

その商品を少し知っているけど、まだ欲しくないターゲット
・「どうしようかな？」「どれにしようかな？」という検討客

タイプ②は、比較または検討中のターゲットのため、**キャッチコピーでは「違いを語る」ことが最大のポイント。「これまでとの違い」や「他との違い」など、他よりもズバ抜けて良いことが魅力的に伝わるキャッチコピーが求められます。**

この章では、違いを魅力的に伝えるための９の表現法をお伝えします。わかりやすく穴埋め式のテンプレートでお伝えするので、しっかりと使いこなせるようにしましょう。

表現法① ●●するな

「●●するな」というコピーを見たことはありませんか？

これは「カリギュラ効果」を使ったキャッチコピーの表現法です。カリギュラ効果とは、禁止されるほど強い関心を持ってしまう心理のこと。

たとえば、絶叫マシーンやホラー映画の広告で「心臓の弱い人はご遠慮

ください」と書かれていたら、いったいどれほどスゴいのか気になります
よね。「閲覧禁止」と書かれた資料は、どうしても内容が気になります。

◉何を禁止するのか？

　この心理を活用するのが「○○するな」というテンプレートですが、重
要なのは何を禁止するのか？　です。
　禁止対象を間違えると、このテンプレートは意味がありません。タイプ
②を狙う場合、**これまでの商品に抱くイヤなイメージを禁止するのが効果
的**です。
　たとえば、こんなキャッチコピーがあったとしましょう。ツイッター運
用術が学べる講座のコピーです。

> 1日2回のツイートでフォロワーを1,000人増やす方法とは？

　このキャッチコピーを見て、まずは、何を禁止すべきかを考えてみましょ
う。
　ツイッター運用について学んだことがある人ならばご存知だと思います
が、フォロワーを増やすには、「毎日たくさんツイートするのが重要」と
言われています。1日10回ツイートすべきという専門家もいるほどです。
　しかし、そんなにたくさんツイートするのは難しく、挫折してしまう人
がほとんど。つまり、ターゲットがこれまでの商品に抱くイヤなイメージ
は「毎日の大量ツイート」。これを禁止することで、カリギュラ効果の高
い表現が可能になります。「○○するな」のテンプレートにあてはめると、
次のキャッチコピーになります。

> 毎日たくさんツイートするのは、今すぐやめてください

このテンプレートを使う場合、注意点があります。それは、**禁止後にすぐベネフィットを語ること。そうしなければ、目に留まっても続きが読まれないキャッチコピーになるから**です。

このような感じで、禁止命令の次にベネフィットを加えてください。

> 毎日たくさんツイートするのは、今すぐやめてください
> 1日2回の投稿でフォロワーを1,000人増やす方法とは？

「するな」の部分は、禁止命令であれば「しないでください」「やめろ」「ご遠慮願います」など、他の言葉でも問題ありません。

堪忍したっとくなはれ……　　下手に出るわね〜

表現法②
●●するのは、今日で終わりにしませんか？

このテンプレートもよく見かける表現ですが、使い方にコツがあります。それは「何を終わらせるのか？」を、しっかり考えること。

タイプ②を狙う場合、**これまでの商品に抱くイヤなイメージを終わらせることを伝えなければ、このテンプレートの効果は得られません**。

たとえば、先のキャッチコピーなら、どのような表現になるでしょうか？

> 1日2回のツイートでフォロワーを1,000人増やす方法とは？

先ほどと同様、ターゲットは、毎日の大量ツイートを面倒に思っています。次の表現が適切です。

> 毎日たくさんツイートするのは、今日で終わりにしませんか？

　このテンプレートもカリギュラ効果とおなじく、**すぐにベネフィットを加えましょう**。そうしなければ、注意を掴むだけで、続きが読まれないキャッチコピーになってしまいます。

> 毎日たくさんツイートするのは、今日で終わりにしませんか？
> 1日2回の投稿でフォロワーを1,000人増やす方法とは？

　「今日で終わりにしませんか？」の部分は「もうやめませんか？」に変えても問題ありません。

今日で終わりにするのを、
もうやめませんか……

えっと、はじめろってこと？

表現法③　●●のあなたへ（●●の方へ）

　カクテルパーティー効果を狙う表現法ですが、タイプ②を狙う場合、これまでの商品に抱くイヤなイメージを突き刺す表現が効果的です。たとえば、次のキャッチコピーなら、このような表現になります。

> 1日2回のツイートでフォロワーを1,000人増やす方法とは？

↓↓↓

> 毎日の大量ツイートに挫折しそうなあなたへ

　「●●のあなたへ」のテンプレートは、**ターゲットが心の中でつぶやきそうな言葉で表現すると、カクテルパーティー効果がさらにアップ**します。

> 毎日の大量ツイートに挫折しそうなあなたへ

↓↓↓

> 毎日たくさんツイートするの、マジめんどくせぇ

　このテンプレートもベネフィットを加えなければ、注意を掴むだけで続きが読まれないコピーになってしまうのでご注意ください。

毎日たくさんツイートするの、マジめんどくせぇ
1日2回の投稿でフォロワーを1,000人増やす方法とは？

表現法④ ○○しなくても●●できる

このテンプレートをタイプ②で使う場合、**読み手がこれまでの商品に抱くイヤなイメージをひっくり返す表現が求められます。読み手に「え！どうして？」と思わせるのがポイント**です。

また、このテンプレートを似たような表現に変えても問題ありません。

似た表現に変えても問題ない
・○○しなくても●●できる（た）
・○○せずに●●できる（た）
・○○しないで●●できる（た）
・○○なしで●●できる（た）

「○○しなくても」の○○へ、読み手がこれまでの商品に抱くイヤなイメージを入れます。「●●できる」の●●には、ベネフィットを入れましょう。

次のキャッチコピーを例に挙げると、このような表現が適切です。

> １日２回のツイートでフォロワーを 1,000 人増やす方法とは？

↓↓↓

> 毎日大量にツイートしなくても
> １日２回の投稿でフォロワーが 1,000 人増える

　このテンプレートの最後を「方法」に変えると、さらにザイガニック効果が強化されるのでオススメです。

テンプレートの最後を「方法」に変えるのもオススメ
・○○しなくても●●できる　⇒　○○しなくても●●する方法
・○○せずに●●できる　　　⇒　○○せずに●●する方法

　１つ前のコピーに「方法」を付け加えると、こうなります。

> 毎日大量にツイートしなくても
> １日２回の投稿でフォロワーが 1,000 人増える方法

表現法⑤　●●の方に選ばれています

　このテンプレートもよく見かけますが、ターゲットタイプ②を狙う場合、誰から選ばれているのかが重要です。**「これまでの商品に満足できない人」「他の商品に満足できない人」から選ばれている表現**を心がけましょう。

また、このテンプレートも、必ずベネフィットを加えてください。

> １日２回のツイートでフォロワーを 1,000 人増やす方法とは？

↓↓↓

> 毎日の大量ツイートに挫折した人から選ばれています
> １日２回の投稿でフォロワーを 1,000 人増やす方法とは？

表現法⑥ 意外性を語る５つのテンプレート

ターゲットタイプ②のターゲットは、これまでとの違い、他との違いを求めています。言いかえると「意外性」を求めているのです。意外性を語るには、この５つのテンプレートが効果的。

意外性を語る５つのテンプレート
① ○○で●●する方法
② なぜ、○○で●●なのか？
③ まさか、○○で●●するなんて…
④ こうやって私は、○○で●●できました
⑤ ○○で、あなたも●●しませんか？

○○には意外性の高い要素を入れ、●●には具体的なベネフィットを入れてください。

次のキャッチコピーを、これらのテンプレートにあてはめてみましょう。

ブラシを使わずに水だけでお風呂の黒カビが落ちる
スチームクリーナー 2.0

意外性の高い要素は「ブラシを使わずに水だけで」。ベネフィットは「お風呂の黒カビが落ちる」になります。

①○○で●●する方法
⇒ ブラシを使わずに水だけでお風呂の黒カビを落とす方法

②なぜ、○○で●●なのか？
⇒ なぜ、ブラシを使わずに水だけでお風呂の黒カビが落ちるのか？

③まさか、○○で●●するなんて…
⇒ まさか、ブラシを使わずに水だけでお風呂の黒カビが落ちるなんて…

④こうやって私は、○○で●●できました
⇒ こうやって私は、ブラシを使わずに水だけでお風呂の黒カビを落としました

⑤○○で、あなたも●●しませんか？
⇒ ブラシを使わずに水だけで、あなたもお風呂の黒カビを落としませんか？

「スチームクリーナー2.0」という商品名は隠れてしまいますが、どれも意外性が高く、ザイガニック効果の高い表現に変わっています。

これらのテンプレートは、なるべく形を崩さないのがポイント。テンプレートにあてはめて少しでも違和感がある場合は使わないようにしてください。今回の例だと、次の表現はわかりづらいので微妙です。

④と⑤は NG
・こうやって私は、ブラシを使わずに水だけでお風呂の黒カビを落としました
・ブラシを使わずに水だけで、あなたもお風呂の黒カビを落としませんか？

キャッチコピーで何よりも重要なのは、訴求が魅力的に伝わるかどうか。
テンプレートにあてはめて訴求がわかりにくくなってしまっては本末転倒です。

表現法⑦ ピアノコピー

セールスコピーで有名なテンプレートがあります。それがこのピアノコピー。音楽学校の通信講座のコピーで使われました。

私がピアノの前に座ると
みんなが笑った
でも、弾きはじめると！
（音楽学校の通信講座）

これは、アメリカの偉大なコピーライター「ジョン・ケープルズ」が書いたコピーで、60年以上も反応を取り続けたと言われています。

また、この表現法は、フランス語の通信講座にも応用され、すばらしい反応が得られました。

私がウェイターにフランス語で話しかけられると
みんなニヤニヤして見ていました
でも返事をすると、今度はあっけにとられたのです（フランス語の通信講座）

ピアノコピーは、次のテンプレートを応用して使うことができます。

○○すると●●が笑った。でも○○すると…

ポイントは、バカにされた主人公が意外な結果を叩きだしたストーリーをイメージさせること。

意外性の強いストーリーであればあるほど、強力なザイガニック効果が得られるテンプレートです。「笑った」の部分は、主人公がバカにされるイメージが伝われば他の言葉でも問題ありません。

たとえば、こんな表現が可能になります。

「どうせ、冷凍マグロでしょ？」
料理長は鼻で笑った。
でも、一口食べた瞬間…　　　　　　　　　　　　　　　（冷凍マグロ）

「え？　おまえがエステに行くの？」
主人はニヤニヤ笑った。
でも、家に帰ってきたら…　　　　　　　　　　　　　　（エステサロン）

> 「投資なんてやめとけって」
> 同僚は苦笑いした。
> でも、3ヶ月後…
> 　　　　　　　　　　　　　　　　　　　　　　　　　　（投資スクール）

　ターゲットタイプ②を狙ったピアノコピーでは、商品がわかる言葉を入れましょう。検討客が、思わず続きを読んでしまう効果を得られます。

表現法⑧ **最新の●●**

　「最新の」は好奇心を高める言葉です。人は新しい情報に興味を持つからです。多くのメディアが最新情報を日々大量にリリースしていることが何よりの証拠でしょう。

　ターゲットタイプ②には、特に「最新の」という言葉は有効です。なぜなら、ターゲットタイプ②は「違い」を求めているから。彼らは、他や過去とは違う新しさを求めているのです。

　たとえば、次のキャッチコピーは、「最新の」を加えるだけで印象が大きく変わります。

> 耳鼻科医も認めた花粉症対策とは？

↓↓↓

> 耳鼻科医も認めた最新の花粉症対策とは？

新しさが伝わるならば「最新の」と似たような言葉で表現しても問題ありません。インターネットの類義語検索サービスや競合広告のリサーチで、たくさんの表現が見つかります。

「最新の」と似たコトバ　※形容詞的に使わず名詞的に使ってもOK

「最前線の」「新常識の」「新しい」「新たな」「革命的な」「業界初の」「初上陸の」「今までになかった」「新時代の」「次世代の」「●● 2.0」

表現法⑨ 失敗しない●●

「失敗しない転職方法」「失敗しない中古車選び」「失敗しない初めてのキャンプ」など、「失敗しない●●」は、セールスコピーで王道の表現法です。
　このテンプレートは次の構成で成り立ちます。

失敗しない ＋ よく失敗すること（失敗しそうなこと）

　よく失敗することをカバーする商品ならば、使いやすく効果的なテンプレートです。ただし、本当によく失敗することなのかどうかは徹底的にリサーチしましょう。「失敗しないカップラーメンの作り方」と言われてもピンときませんよね？
　また、**このテンプレートは、状況に応じてベネフィットを加えてください**。目に留まったのに続きが読まれない状況を避けるためです。

例）転職サービス

失敗しない転職方法（年収と自由な時間を増やすために）

例）中古車情報

失敗しない中古車選び（長く乗れる最高の愛車と出会う方法）

例）キャンプ用品

失敗しない初めてのキャンプ（美味しい、楽しい、また来たい旅にしよう）

以上、9の表現法いかがでしたか？

なお、注意点が1つ。これら、**9の表現法はターゲットタイプ②以外でも使えそうなら、試してみましょう**。「ターゲットタイプ②以外では効果を発揮しない」というわけではありません。

失敗しない
おすもう部屋選び……

今度は、
おすもうさんには響くかも〜

表現法①　●●するな ⋯⋯⋯⋯⋯⋯⋯⋯⋯⋯⋯⋯⋯⋯⋯⋯

1日2回のツイートでフォロワーを1,000人増やす方法とは？　⇒
毎日たくさんツイートするのは、今すぐやめてください

表現法②　●●するのは、今日で終わりにしませんか？ ⋯⋯⋯

1日2回のツイートでフォロワーを1,000人増やす方法とは？　⇒
毎日たくさんツイートするのは、今日で終わりにしませんか？

表現法③　●●のあなたへ（●●の方へ） ⋯⋯⋯⋯⋯⋯⋯⋯

1日2回のツイートでフォロワーを1,000人増やす方法とは？　⇒
毎日の大量ツイートに挫折しそうなあなたへ

「心の中でつぶやきそうな言葉」に置きかえる表現 ⇒
毎日たくさんツイートするの、マジめんどくせぇ

表現法④　○○しなくても●●できる ⋯⋯⋯⋯⋯⋯⋯⋯⋯⋯

1日2回のツイートでフォロワーを1,000人増やす方法とは？　⇒
毎日大量にツイートしなくても
1日2回の投稿でフォロワーが1,000人増える（方法）

表現法⑤ ●●の方に選ばれています

1日2回のツイートでフォロワーを1,000人増やす方法とは？ ⇒
毎日の大量ツイートに挫折した人から選ばれています

表現法⑥ 意外性を語る5つのテンプレート

> ブラシを使わずに水だけでお風呂の黒カビが落ちる
> スチームクリーナー2.0

① ○○で●●する方法

ブラシを使わずに水だけでお風呂の黒カビを落とす方法

② なぜ、○○で●●なのか？

なぜ、ブラシを使わずに水だけでお風呂の黒カビが落ちるのか？

③ まさか、○○で●●するなんて…

まさか、ブラシを使わずに水だけでお風呂の黒カビが落ちるなんて…

④ こうやって私は、○○で●●できました

こうやって私は、ブラシを使わずに水だけでお風呂の黒カビを落としました

⑤ ○○で、あなたも●●しませんか？

ブラシを使わずに水だけで、あなたもお風呂の黒カビを落としませんか？

※④と⑤はNG（テンプレートにあてはめて少しでも違和感がある場合は使わない）

表現法⑦ ピアノコピー
○○すると●●が笑った。でも○○すると…

「どうせ、冷凍マグロでしょ？」料理長は鼻で笑った。でも、一口食べた瞬間…
（冷凍マグロ）

「え？ おまえがエステに行くの？」主人はニヤニヤ笑った。でも、家に帰ってきたら…
（エステサロン）

「投資なんてやめとけって」同僚は苦笑いした。でも、3ヶ月後…
（投資スクール）

※ターゲットタイプ②を狙ったピアノコピーでは、 商品がわかる言葉を入れる。

表現法⑧ 最新の●● ……………………………………………………

耳鼻科医も認めた花粉症対策とは　⇒
耳鼻科医も認めた最新の花粉症対策とは？

※「最新の」に似た他の表現例
「最前線の」「新常識の」「新しい」「新たな」「革命的な」「業界初の」
「初上陸の」「今までになかった」「新時代の」「次世代の」「●● 2.0」

表現法⑨ 失敗しない●●

失敗しない + よく失敗すること（失敗しそうなこと）

失敗しない転職方法
（転職サービス）

失敗しない中古車選び
（中古車情報）

失敗しない初めてのキャンプ
（キャンプ用品）

注意点

これら9つの表現法は、
ターゲットタイプ②以外でも使えそうならば試してみましょう。

求人広告でもセールスコピーは使える

　この本でお伝えしているセールスコピーは、求人広告でも成果を出せます。たとえば、弊社オンラインサロンのメンバーSさんは、**介護職員を募集する求人広告で、キャッチコピーの技術を活用して、すばらしい成果**を得ました。

　介護業界は慢性的な人手不足で、求人に莫大なコストがかかります。Sさんが勤務する介護施設は、人材紹介会社を使い、1人の紹介につき60〜70万円の紹介料を支払っていました。何とかしようと思い、Sさんは、自分で求人チラシを作り、配布することにします。

　その結果、施設が求める理想的な人材2名から応募をいただいたのです。広告にかかった費用は11万円。大幅なコストカットに成功しました。

※その時に使用したキャッチコピーはコレ↓↓

> 流れ作業のオムツ交換、入浴介助にウンザリしている介護スタッフへ。
> 時間に追われず利用者とゆったり関わることができる介護の仕事があるのですが…

　ターゲットとなる介護職員の感情をしっかりリサーチし、彼らに響くベネフィットを魅力的に伝えたコピーです。Sさんは、その後も独自に作った**求人チラシで、理想的な介護職員の募集と、求人費用の大幅削減に成功します。**

　その成果が会社のナンバー2に認められ、年間3億円の人件費を払っている別事業所の求人も任されるようになりました。

第11章

「購入意欲が低い客」
に有効な
キャッチコピー
10の表現法

売り込まずに、「すばらしい解決法」を語る

　この章では、ターゲットタイプ③に効果的なキャッチコピーの表現法を
お伝えします。ターゲットタイプ③の「感情」は、こうでした。

ターゲットタイプ③の感情

ベネフィットに興味はあるけど、その商品を知らないターゲット
・「何か良い方法ないかな？」「どうすればいいのだろう」という
　漠然とした悩みや欲求を抱えている

　ターゲットタイプ③は、購入意欲が低いターゲットです。商品の価値を
知らないターゲット層になるため、一声目のキャッチコピーでセールスが
見えると、すぐに興味を失ってしまいます。
　つまり、**最大のポイントは「売り込まない」こと。セールス臭さを消し
ながら、読み手にとって「すばらしい解決法」を伝えるキャッチコピーが
求められます**。この章では、購入意欲の低いターゲットから「なにその話？」
「すごく気になる！」と振り向いてもらえる表現法についてお伝えします。

表現法① 商品名を隠す

　ターゲットタイプ③は、売り込みを嫌がります。その理由は、商品の価
値をわかっていないから。商品そのものをまったく知らないターゲットも
たくさんいます。つまり、**キャッチコピーで「この商品はすばらしいです
よ」と売り込むのは逆効果**。「な〜んだ売り込みか」と思われて、すぐに
読むのをやめてしまいます。

◉欲しいのは、すばらしい解決法

　彼らが求めているのは商品ではありません。彼らは、自分の悩みを解決し、欲求を満たす方法に興味を持っているのです。だからこそ、ターゲットタイプ③狙いのキャッチコピーでは商品名を隠してください。

　商品名を隠しながら、すばらしい解決法を提案すれば、ザイガニック効果の高いメッセージになります。たとえば、次のキャッチコピーから商品名を省くと…

> 包丁を使わずに魚の三枚おろしができる調理器具「おろし三平」

↓↓↓

> 包丁を使わずに魚を三枚におろす方法

> 社会人2年目の彼が年収100万円アップに成功した
> 「転職サービスABC」

↓↓↓

> 社会人2年目の彼が年収100万円アップした方法

　商品名を消すだけで、読み手が「どうやって？」とその続きが気になる表現、ザイガニック効果の高い情報に変わっています。

表現法② ●●するな

第10章でもお伝えしたカリギュラ効果を狙ったテンプレートですが、ターゲットタイプ③でも使えます。

ポイントは、読み手が知っている他の解決法を禁止すること。効果的なのは知っているけど、できればやりたくない解決法を禁止するのがベストです。

●他の解決法を禁止する

たとえば、「間ファス」を活用したダイエットプログラムを売る場合で考えてみましょう。間ファスとは間欠的ファスティングの略。毎日意識的に食べない時間を作り、ダイエットをサポートするプログラムです。

空腹時間を耐えるしんどさはありますが、過度な糖質制限は不要。まだ多くの人に知られていない商品のため、タイプ③に該当するでしょう。

この場合、ターゲットはダイエットに成功したい人ですが、禁止すべき他の解決法は何になるでしょうか？ 効果的なのは知っているけど、できればやりたくないと思っている解決法とは何か？

いろいろ考えられますが「糖質制限」は、その1つに挙げられます。つまり、次のようなキャッチコピーを考えることができます。

> 糖質制限ダイエットは今すぐやめてください
> この方法なら、ホカホカの白いごはんを食べても大丈夫

ターゲットタイプ③でも、禁止命令後にベネフィットを語ることを忘れないでください（傍線部）。

152

表現法③ ●●のあなたへ（●●の方へ）

　カクテルパーティー効果を狙う表現法です。ターゲティングコピーと呼ばれる表現法でしたね。ターゲットタイプ③を狙う場合、具体的な悩み、欲求、状況を突き刺す表現が効果的です。

　たとえば、「ブログ集客講座」を売るケースで考えてみましょう。

・ターゲット状況…
　業者にホームページを外注し、代理店にリスティング広告を任せているが、思うような効果が得られない。このままでは、お金をムダに使い続ける。

・ベネフィット…
　制作費０円、広告費０円で、ネットから新規見込客が自動的に集まる。

　ターゲットタイプ③狙いのターゲティングコピーでは、次のように、**読み手の感情を具体的に描写した表現が効果的**です。

> 「ネット集客ってお金がかかるわりに効果がないよね」とお悩みの方へ
> 制作費・広告費０円で新規見込客が集まるネット集客術とは？

　ターゲットタイプ③でも、**ターゲティングコピーの後にベネフィットは必要**です（傍線部）。

●徹底的に絞り込む

ポイントは、読み手の感情や状況を徹底的に具体化すること。

ターゲットタイプ③の意欲は低いため、ぼんやりとしたターゲティングコピーでは注目してもらえません。「これって私のことだよね？」と思ってもらえるかどうかが重要です。

表現法④ ○○しなくても●●できる

第10章でもお伝えしたテンプレートですが、**ターゲットタイプ③では「○○しなくても」へ、読み手が知っている「他の解決法」を入れます。効果的と思うけど、できればやりたくない解決法を入れるのがベスト**です。「●●できる」には、ベネフィットを入れましょう。たとえば、表現法②でお伝えした「間ファス」を活用したダイエットプログラムならば、こんなキャッチコピーになります。

> 炭水化物を我慢しなくても
> 自信たっぷりのカラダになる

表現法⑤ ストーリー

ターゲットタイプ③は購入意欲が低いため、振り向かせるのが非常に難しいターゲット層です。

そこで効果的なのが、ストーリーを語る表現法。たとえば、次の2つのコピーですが、どちらが気になるでしょうか？

A	B
1ヶ月で200人の 集客に成功しました	廃業寸前でしたが、 1ヶ月で200人の 集客に成功しました

●ストーリーは読まれる

　Bに惹かれたと思います。その理由はストーリーが感じられるから。

　第15章で詳しく解説しますが、ストーリーが感じられるコピーは、そうでないコピーよりも読まれます。なぜなら、ストーリーは、人に感情移入させるパワーを持つから。**興味深いストーリーならば、たとえ広告であっても、多くの人が興味を持って読み進めてくれます。**

●わかりやすく伝わり、記憶に残る

　ストーリーは、難しいことをわかりやすく伝える効果もあります。たとえば、仲間で力を合わせて目標達成するすばらしさを、幼児に説明できるでしょうか？

　多くの方が難しいと答えますが、桃太郎の絵本を読み聞かせるのはどうでしょうか？　夢中になって話を聞く子どもたちの姿が、イメージできるでしょう。

　さらに、桃太郎は40ページぐらいの絵本ですが、あなたはそのストーリーを大体覚えている。つまり、ストーリーは記憶に残りやすいのです。この効果をキャッチコピーに活かさない手はありません。

●ストーリー型キャッチコピーの３つのポイント

でも、作家じゃないのにストーリーなんて考えられない…、と思われたかもしれませんが、広告の場合、ハイレベルなストーリーは必要ありません。この３つのポイントを守れば、誰でもストーリー型のキャッチコピーが作れます。

ポイント① V字型

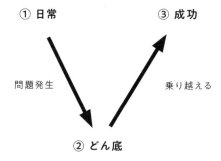

ハリウッド映画やドキュメンタリー映画の多くが、このV字型で構成されています。その理由は、人を惹きつけるストーリー構成だから。**キャッチコピーでは、①の日常は省いても問題ない**です。②のどん底と、③の成功を見せましょう。

廃業寸前でしたが…②どん底
１ヶ月で200人の集客に成功しました…③成功

ポイント② **読み手が共感できる**

　あまりに非現実的なストーリーだと、読み手はメッセージを受け入れてくれません。ギャップやおもしろさも肝心ですが、**読み手が現実的に許容できるストーリー、共感できるストーリーを語る**必要があります。

ポイント③ **続きが気になる言葉で終わる**

　ストーリー型のキャッチコピーでは、読み手に「どうやって？」「なぜ？」と思わせる終わり方が重要です。答えをださずに読み手の興味関心を限界まで高める、ザイガニック効果の高い表現を心がけましょう。次項から、ストーリー性の高い表現に使えるテンプレートを紹介します。

表現法⑥
ストーリーを伝える表現「ピアノコピー」

　第10章でもお伝えしたピアノコピーは、下記の通り。ストーリー性の高いコピーを作るには、非常に効果的なテンプレートです。

　●●すると●●が笑った。でも●●すると…

　バカにされた主人公がその後、成功するイメージを伝えましょう。**ターゲットタイプ②と異なるのは、商品名をださないこと。商品がダイレクトに伝わる言葉もなるべく控えましょう。**

　ターゲットタイプ③には、なるべく売り込み臭を消し去り、読み手の興味関心だけを掴むピアノコピーが必要です。たとえば、次のようなキャッチコピーになります。

小さな息子を見て
相手のピッチャーは笑った
しかし、第1球！

（少年野球教室）

「その服パツパツだな！」
主人はニヤニヤ笑った
でも、30日後…

（パーソナルジム）

「会社辞めてどうするの？」
上司は鼻で笑った
しかし、3ヶ月後…

（転職サービス）

しかし、3ヶ月後
実家のスーパーを継いでました……　　意外と手堅いわね

表現法⑦ ○○でした　●●するまでは…

　このテンプレートはピアノコピーの変化形と考えるのが良いでしょう。
とてもストーリー性の高いテンプレートです。
「○○でした」は、V字型の「②どん底」を入れ、「●●するまでは…」
では、③の成功したきっかけを表現します。

　たとえば、このキャッチコピーなら次の表現に変わります。

廃業寸前でしたが
1ヶ月で200人の
集客に成功しました

↓↓↓

廃業寸前でした
1ヶ月で200人を集客した
この方法に出会うまでは…

　わずかな表現の違いですが、後者の方がストーリー性は高く、続きが気
になる内容になっています。

表現法⑧
ストーリーを語る5つのテンプレート

ストーリーを語るときに使えるテンプレートを5つご紹介します。第10章の「意外性を語る5つのテンプレート」と重複する表現法もありますが、使い方が異なるのでご注意ください。

ストーリーを語る5つのテンプレート
① ○○でも●●できた
② どのようにして、○○が●●できたのか？
③ ○○が●●した方法
④ なぜ、○○が●●なのか？
⑤ まさか、○○が●●するなんて…

ターゲットタイプ③を狙ったストーリー型のキャッチコピーを作る場合、○○には「不利な状況」を入れてください。V字型で言えば②の「どん底」です。●●にはベネフィットを入れます。V字型で言えば③の「成功」です。

次のキャッチコピーを、これらのテンプレートにあてはめてみましょう。

まさか、二郎さんが
三浪するなんて……

浪人させてくれるだけ
ありがたいわよ〜

この「オムレツメーカー」があれば
料理経験ゼロでもフワフワのオムレツが作れます

↓ ↓ ↓

① ○○でも●●できた
⇒　料理経験ゼロの私でも、フワフワのオムレツが作れました

② どのようにして、○○が●●できたのか？
⇒　どのようにして、料理経験ゼロの私がフワフワのオムレツを作れたのか？

③ ○○が●●した方法
⇒　料理経験ゼロの私が、フワフワのオムレツを作った方法

④ なぜ、○○が●●なのか？
⇒　なぜ、料理経験ゼロの私が、フワフワのオムレツを作れたのか？

⑤ まさか、○○が●●するなんて…
⇒　まさか、料理経験ゼロの私が、フワフワのオムレツを作れるなんて…

こだわりのシェフが使う
オムレツメーカー……

社会人 2 年目の彼が年収 100 万円アップに成功した
「転職サービス ABC」

↓ ↓ ↓

① ○○でも●●できた
⇒ 社会人 2 年目の彼でも、年収 100 万円アップできた

② どのようにして、○○が●●できたのか？
⇒ どのようにして、社会人 2 年目の彼が年収 100 万円アップできたのか？

③ ○○が●●した方法
⇒ 社会人 2 年目の彼が年収 100 万円アップした方法

④ なぜ、○○が●●なのか？
⇒ なぜ、社会人 2 年目の彼が年収 100 万円アップできたのか？

⑤ まさか、○○が●●するなんて…
⇒ まさか、社会人 2 年目の彼が年収 100 万円アップするなんて…

これらのテンプレートは、なるべく形を崩さないよう注意しましょう。
また、テンプレートにあてはめて少しでも違和感がある場合は使わないよ
うにしてください。

表現法⑨
●●で、こんな間違いをしていませんか？

　読み手へ「このままではマズイよ」と伝えて恐怖心を煽る表現です。フィアアピール（恐怖訴求）と呼ばれます。商品によっては有効に働くので覚えておきたい表現法の1つ。このテンプレートを使う時は、次の構成で考えましょう。

> 「何かのリスクを抱える行動」＋「こんな間違いをしていませんか？」

　たとえば、このようなキャッチコピーです。

> 口臭対策で、こんな間違いをしていませんか？　　　　　　　（口臭ケア）

> 助成金申請で、こんな間違いをしていませんか？　　　　　（社労士事務所）

> 面接で、こんな間違いをしていませんか？　　　　　（就職支援サービス）

フィアアピール型のキャッチコピーは、ベネフィットを語らずに、無視できない注意喚起だけで読み手の注意を掴み、続きを読ませる表現が求められます。読み手の恐怖心をかき立てることだけに徹底してください。

表現法⑩ ●●した結果

　YouTubeやネット記事のタイトルでよく見かける表現で、次の構成で成り立つテンプレートです。

「ザイガニック効果の高い要素」＋「した結果」

　ザイガニック効果の高い要素は、「いったいどうなるの？」とソワソワしてしまう内容とお考えください。

　これも表現⑨とおなじくベネフィットを語らない表現法です。目的は読み手に「なんだかおもしろそう」と感じさせること。**商品を販売する広告ではなく、情報提供が目的のYouTubeやブログ記事、意識の低い読み手にクリックさせたいバナー広告などで効果的**です。読み手の興味関心だけを突き刺したいケースで使いましょう。

　たとえば、このようなキャッチコピーです。

薄毛に悩む僕が、睡眠を２時間増やした結果　　　　　　　　（育毛サロン）

偏差値 35 の息子に学習塾をやめさせた結果　　　　　　　　（家庭教師）

40 歳の元プログラマーが、農業をはじめた結果　　　　（就農支援サービス）

11

表現法① 商品名を隠す

包丁を使わずに魚の三枚おろしができる調理器具「おろし三平」⇒
包丁を使わずに魚を三枚におろす方法

社会人2年目の彼が年収100万円アップに成功した
「転職サービスABC」 ⇒
社会人2年目の彼が年収100万円アップした方法

表現法② ●●するな

過度な糖質制限をしないダイエット「間欠的ファスティング」 ⇒
糖質制限ダイエットは今すぐやめてください
この方法なら、ホカホカの白いごはんを食べても大丈夫

表現法③ ●●のあなたへ（●●の方へ）

WEB制作を外注せず、
代理店に広告を任せなくても集客できるブログ集客法 ⇒
「ネット集客ってお金がかかるわりに効果がないよね」とお悩みの
方へ　制作費・広告費0円で新規見込客が集まるネット集客術と
は？

表現法④ ○○しなくても●●できる

過度な糖質制限をしないダイエット「間欠的ファスティング」⇒
炭水化物を我慢しなくても自信たっぷりのカラダになる

表現法⑤ ストーリー

1ヶ月で200人の集客に成功しました　⇒
廃業する予定でしたが、1ヶ月で200人の集客に成功しました

表現法⑥ ストーリーを伝える表現「ピアノコピー」
●●すると●●が笑った。でも●●すると…

小さな息子を見て相手のピッチャーは笑った　しかし、第1球！
（少年野球教室）

「その服パツパツだな！」主人はニヤニヤ笑った　でも、30日後…
（パーソナルジム）

「会社辞めてどうするの？」上司は鼻で笑った　しかし、3ヶ月後…
（転職サービス）

※ターゲットタイプ③を狙ったピアノコピーでは、商品名をださない。
　商品がダイレクトに伝わる言葉も控える。

表現法⑦ ○○でした　●●するまでは…

廃業寸前でしたが1ヶ月で200人の集客に成功しました　⇒

廃業寸前でした

1ヶ月で200人を集客したこの方法に出会うまでは…

表現法⑧ ストーリーを語る5つのテンプレート

> この「オムレツメーカー」があれば
> 料理経験ゼロでもフワフワのオムレツが作れます

① ○○でも●●できた
料理経験ゼロの私でも、フワフワのオムレツが作れました

② どのようにして、○○が●●できたのか？
どのようにして、料理経験ゼロの私がフワフワのオムレツを作れたのか？

③ ○○が●●した方法
料理経験ゼロの私が、フワフワのオムレツを作った方法

④ なぜ、○○が●●なのか？
なぜ、料理経験ゼロの私が、フワフワのオムレツを作れたのか？

⑤ まさか、○○が●●するなんて…
まさか、料理経験ゼロの私が、フワフワのオムレツを作れるなんて…

> 社会人 2 年目の彼が年収 100 万円アップに成功した
> 「転職サービス ABC」

① ○○でも●●できた
社会人 2 年目の彼でも、年収 100 万円アップできた

② どのようにして、○○が●●できたのか？
どのようにして、社会人 2 年目の彼が年収 100 万円アップできたのか？

③ ○○が●●した方法
社会人 2 年目の彼が年収 100 万円アップした方法

④ なぜ、○○が●●なのか？
なぜ、社会人 2 年目の彼が年収 100 万円アップできたのか？

⑤ まさか、○○が●●するなんて…
まさか、社会人 2 年目の彼が年収 100 万円アップするなんて…

表現法⑨ ●●で、こんな間違いをしていませんか？ ………

口臭対策で、こんな間違いをしていませんか？（口臭ケア）
助成金申請で、こんな間違いをしていませんか？（社労士事務所）
面接で、こんな間違いをしていませんか？（就職支援サービス）

表現法⑩ ●●した結果 ……………………………………

薄毛に悩む僕が、睡眠を 2 時間増やした結果（育毛サロン）
偏差値 35 の息子に学習塾をやめさせた結果（家庭教師）
40 歳の元プログラマーが、農業をはじめた結果（就農支援サービス）

注意点 ···

これら 10 の表現法は、
タイプ③以外でも使えそうならば試してみましょう。

二浪の二郎さんに
学習塾を辞めさせた結果……　　三浪しちゃったわけね

キャッチコピー総まとめ
Summary

表現技術に頼らない

コピーライティングは、訴求を考えることが8割です。訴求をおろそかにして、表現技術ばかりにこだわると失敗します。「何をどう言うか」よりも「誰に何を言うか」を一番大切にしてください。

適切な表現法を選ぶ

キャッチコピーの表現技術ですが、すべてのテクニックを毎回使う必要はありません。効果がありそうなテクニックをその都度選びましょう。

表現にこだわりすぎた結果、訴求が伝わらなくなるのがもっともダメなパターンです。キャッチコピーの表現技術は、訴求を魅力的に伝えるために存在しているのです。

柔軟に考える

キャッチコピーの表現技術をターゲットタイプ①②③に分けてお伝えしましたが、必ずそのタイプで使用するという必要はありません。ピタッとくる表現があれば、タイプ別にこだわらず柔軟に考えてください。

今回お伝えしたキャッチコピーの表現方法は、世の中にある技術の一部にすぎません。日ごろからいろんな広告をチェックし、良い表現はストックし、引き出しを増やしましょう。

第12章

読む気マンマンにさせる「リードコピー」の作り方

キャッチで成功しても、客はまだ読まない

　キャッチコピーの役割は、読み手の注意を一発で掴み、続きを読む気にさせること。

　しかし、**キャッチコピーで注意を掴めたとしても、読み手にはまだ広告を最後まで読む気はありません。そこで必要になるのがリードコピー**。この章では、キャッチコピーの次に重要なリードコピーについて解説します。

◉広告文章は３つの世界で作られる

　セールスコピーは文章が長くなりがちです。あなたも縦に長いランディングページを見たことがあると思いますが、**どれだけ長くても、セールスコピーは、この３つのパートで成り立つ**ことを覚えておきましょう。

　ボディコピーについては、次の章で詳しく解説しますが、リードコピーはキャッチコピーの次にくる文章です。キャッチコピーを読んだ後、すぐに読める場所へ配置します。

広告の基本構造

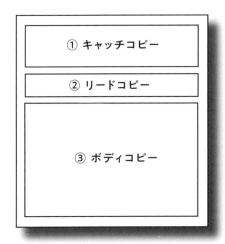

① キャッチコピー

② リードコピー

③ ボディコピー

読み手を広告本文に引きずり込む「リードコピー」とは？

　キャッチコピーで注意を掴まれた人は、なんとなく続きが気になっている状態です。そんな彼らの読む気を、最大値へ引き上げるために、リードコピーは存在します。

> キャッチコピーで生まれた小さな火種に、
> ガソリンをぶっかけるようなイメージを持ってください。

　リードコピーで失敗すると、キャッチコピーで掴んだ読み手の大半を失いますから、とても重要。役割の大きさから見て、**キャッチコピーとリードコピーは、セットで考えるのが適切**です。

　リードコピーには、この３つのいずれか、または複合した内容を書きます。

リードコピーで書く内容３つ
① キャッチコピーを、さらに強化する
② 続きが知りたくなる（ザイガニック効果）
③ 魅力的なオファー

リードコピーの内容①
キャッチコピーを、さらに強化する

　リードコピーでは、キャッチコピーで伝えたメッセージをさらに強化する内容が求められます。具体的には次のABCのいずれか、または複合した内容を書きます。

キャッチコピーを、さらに強化する３つ

【A】キャッチコピーと別のベネフィットを伝える

【B】社会的証明や権威を伝える

【C】キャッチコピーを、さらに詳しく語る

【A】 キャッチコピーと別のベネフィットを伝える

実際に、弊社が対応した広告を参考に見ていきましょう。

美容院経営者へ新しいタイプのパーマ機を売る広告ケースです。狙うターゲットタイプは②。新しいパーマ機に興味を持っている人たちです。このパーマ機は、縮毛矯正やストレートパーマのあとでも髪質がよくなる美髪効果が強み。一般的なパーマ機だと縮毛矯正やストレートパーマの後は髪が傷むので、他にはない強みと呼べるでしょう。

また、導入したお店の多くが、客単価アップやリピート向上、集客効果アップなどに成功しています。

この場合、キャッチコピーで美髪効果のベネフィットを伝えたなら、リードコピーで経済効果のベネフィットを伝えます。

・キャッチコピー

なぜ、縮毛矯正やストレートのあと、こんなに髪質がよくなるのか？

（ビフォーアフター画像の下に配置）

・リードコピー

この「美髪テクニック」で他サロンと差別化し、客単価3,000円アップ、リピート率90％、クチコミによる集客などの成功事例が続出しています

【B】　社会的証明や権威を伝える

「社会的証明」や「権威」をリードコピーに加えると、キャッチコピーで伝えたメッセージの価値が高まり、読み手のモチベーションを高めます。

「社会的証明」を伝えるリードコピー

　まずは、社会的証明をリードコピーに入れるパターンについて。中高年ゴルファー向けのゴルフレッスン広告で解説しましょう。

　狙うターゲットタイプは②。ゴルフは上達したいけど、どのレッスンにしようか悩んでいる人たちです。このレッスンは、短時間のアドバイスでドライバー飛距離をアップさせる強みがあり、これまで1,000人以上の中高年ゴルファーの飛距離をアップさせてきました。

　社会的証明の要素は「1,000人以上のレッスン実績」。この場合、次のようなキャッチコピーとリードコピーになります。

> ・**キャッチコピー**
> たった5分のアドバイスで、
> 52歳男性のドライバー飛距離が30ヤードアップした方法
>
> ・**リードコピー**
> パワーや体力の衰えを感じている1,000人以上の中高年ゴルファーが
> 飛距離アップに成功しています

権威を伝えるリードコピー

　権威を伝える場合も考え方はシンプルです。民間の学童保育の新規開園チラシで解説します。

　狙うターゲットタイプは②。わが子をどこの園に入れようか悩む比較検討客です。ここで解説する学童保育の権威は、有名なお受験教室が知育プログラムを監修したこと。この場合、次のようなキャッチコピーとリードコピーになります。

・**キャッチコピー**
○○エリアで学童保育をお探しの方へ

・**リードコピー**
お受験教室で有名な●●が、
知育プログラムを監修した民間学童保育が新規開校

【C】 キャッチコピーを、さらに詳しく語る

　具体化は信憑性を高めるため、キャッチコピーで伝えたベネフィットを具体的に語るリードコピーも効果的です。

歯科診療セミナーの例

　少し特殊な事例ですが、新しい歯科診療「口腔機能発達不全症」が学べる歯科医師向けのセミナー広告で解説します。

　まだ多くの歯科医師が詳しくない分野のため、狙うターゲットタイプは③。セミナーで学ぶ内容を実践し、口腔機能発達不全症が取り扱えるようになれば、コストをかけずに、たった5分のシンプルな評価と指導で保険点数（歯科医院にとっての売上）が得られます。

　さらに、見込患者は増加傾向にあるので、多くの歯科医院が悩む経営問題を解決するベネフィットが謳えます。この場合、次のようなキャッチコピーとリードコピーになります。

> **・キャッチコピー**
> たった5分のシンプルな評価と指導で保険点数が得られる、
> 新しい診療をご存知ですか？（しかも、コスト0円で）
>
> **・リードコピー**
> まだ多くのクリニックで本格的に導入されていない
> 「口腔機能発達不全症」の医療知識、保険点数、検査、診断、改善法、
> 管理の実務がオールインワンで学べます

キャッチコピーでは歯科医院の経営問題が解決するベネフィットを伝え、リードコピーでそれが叶う理由（商品の特徴）を詳細に語ることで、情報の価値を強化しています。

外壁塗装の例

他の例も見ていきましょう。外壁塗装の広告例です。

狙うターゲットタイプは②。どの外壁塗装業者にしようか悩んでいる人たちです。イチオシの商品は、セルフクリーニング性能を持つ特殊な塗料を使った外壁塗装。雨が降るたびにお家の外壁がピカピカになります。さらに、塗装効果は平均して25年以上持つためキレイな状態が長持ちします。

この場合、次のようなキャッチコピーとリードコピーになります。

日本酒、ウイスキー、バーボンが
オールインワンで味わえます

二日酔いしそうな酒ね

> ・キャッチコピー
> うそでしょ？　雨が降るたびに、お家の外壁がピカピカになるなんて…
>
> ・リードコピー
> しかも、耐用年数は 25 年以上。
> 一般的な外壁塗装のように 10 年に一度塗り替える必要がないため
> コスパに優れています。

　キャッチコピーで伝えたセルフクリーニング機能のベネフィットが、ずっと長持ちすることを具体的に伝えることで、情報の価値を強化しています。

リードコピーの内容② 続きが知りたくなる

　リードコピーで、ザイガニック効果（ツァイガルニク効果）を強化する方法も効果的です。ザイガニック効果を高めるには、読み手の興味や欲求だけが高まる「未完成の情報」を伝えること。読み手の感情を限界まで高めて寸前でシャットアウトする表現、読み手が「どうやって？」「なぜ？」と反応する表現が求められます。

　最大のポイントは、ベネフィットを見せてから謎を残すこと。

フィットネスジムの例

　女性向けフィットネスジムの広告で解説します。次のキャッチコピーはザイガニック効果の高い表現ですが、リードコピーでさらにザイガニック効果が強化されています。

> **・キャッチコピー**
>
> どうして、あの人はいくつになってもスタイル抜群でキレイなの？
>
> **・リードコピー**
>
> 「私食べても太らないのよ〜」とおっしゃる方が、
> あなたの周りにも１人はいるでしょう。
> どうしてあの人は変わらないのでしょうか？
> どうしてますますキレイになるのでしょうか？

不動産の物件売却募集

売却物件を募る不動産会社の広告例です。

「売却物件大募集」や「戸建・土地買い取ります」「求む！ 売却物件」と大きく書かれたチラシを見たことはありませんか？ この種のチラシをイメージしてください。

新聞折込チラシなので、キャッチコピーはカクテルパーティー効果を狙った表現でターゲットからの注目を期待します。リードコピーでは、続きが気になるよう失敗者と成功者のストーリーを語っています。

> **・キャッチコピー**
>
> 不動産を売る可能性がある○○市のあなたへ重要なご連絡
>
> **・リードコピー**
>
> ６ヶ月経っても買い手が見つからず最終的に大幅値引きする売り主と、
> たった３ヶ月で希望価格の売却に成功する売り主
> （そのちょっとした違いとは？）

このリードコピーのように、失敗者と成功者を対比し、その理由を知りたくさせるリードコピーはストーリー性が高いため非常に効果的。覚えておいて損のない表現法です。

リードコピーの内容③ 魅力的なオファー

第16章で詳しく解説しますが、オファーとは、お客さんへ約束する魅力的な取引条件のこと。次のいずれかの条件にあてはまる場合、リードコピーでオファーを詳しく語るのも効果的です。

1か2の条件にあてはまるなら、リードコピーで詳しく語るのもあり
【条件1】
ターゲットタイプ①か②を狙う広告で魅力的なオファーがある
【条件2】
無料や低価格の魅力的なお試し商品で見込客を集客する

◉ 【条件1】の例

尿酸値が気になる人のためのサプリメントを販売する広告です。ターゲットタイプは②。尿酸値を気にしており、どのサプリメントにすれば良いか比較検討している人たちです。知名度がそれほど高くない商品のため、30日分を無料プレゼントするオファーをはじめました。

キャッチコピーでは「○○の方に選ばれています」のテンプレートを使い、リードコピーでは魅力的なオファーを語っています。

・**キャッチコピー**
どの尿酸値サプリにも満足できなかった人に選ばれています

・**リードコピー**
良さを知っていただきたいから、
約30日分（3,980円）を無料でご提供いたします

◉【条件2】の例

　税理士専門の経営コンサルタントの広告で解説します。そのコンサルタントは、月額顧問料を引き上げる料金プランの作成ノウハウを持っており、これまでに数件の税理士事務所の売上を伸ばしてきました。

　しかし、このようなノウハウは多くの税理士に知られていないため、狙うターゲットタイプは③。見込客を集客するために、当時多くの税理士が注目していた「マイナンバー対策」について学べるテキストを、無料でプレゼントする広告を行いました。

　キャッチコピーとリードコピーは次のとおりです。ターゲットタイプ③を狙う場合でも、魅力的なオファーを武器に見込客を集客する目的ならば、それをリードコピーで語りましょう。

・**キャッチコピー**
月額顧問料を2倍にする方法を教えます

・**リードコピー**
今なら、
顧問先にマイナンバー対策を教育するためのテキストを無料プレゼント

「オファーの理由と価値」を語る

リードコピーで魅力的なオファーを語る場合、「オファーの理由と価値」をしっかりと伝えることが重要です。たとえば、この2つのリードコピーを見比べて、どちらの方が魅力的に映るでしょうか？

> ・リードコピー①
> 約30日分を無料でご提供いたします
>
> ・リードコピー②
> 良さを知っていただきたいから、
> 約30日分（3,980円）を無料でご提供いたします

おそらく後者だと思います。

オファーの内容がおなじでも、理由と価値を伝えることでレスポンスは変わるので、必ず記載するようにしましょう。

てっとり早く
酔っ払っていただきたいから……

ベロンベロンになりたい日も
あるよね〜

リードコピー発想術の3ステップ

ここまでリードコピーの書き方について詳しくお伝えしてきました。

それでももし、上手く書けずに悩んだなら、この発想で取り組んでください。

リードコピー発想術の3ステップ

① あなたは、人通りの多い繁華街で呼び込みをしている

② 第一声（キャッチコピー）で、
　　3メートル先のターゲットが振り向いた

③ "次の言葉" を聞いたとたん、
　　彼はあなたのもとへ歩み寄ってきました

「次の言葉」に該当するのがリードコピーです。

勝負はたったの数秒。キャッチコピーで振り向いたターゲットが、ワクワクしてあなたの近くまで歩いてくるような、興味深い話を手短に語ってみましょう。

僕、コピーライターなんだぜい

見習いだけど……

広告文章は3つに分類できる

・キャッチコピー、リードコピー、ボディコピーに分類
・リードコピーは、キャッチコピーの次にくる文章
・キャッチコピーを読んだ後、すぐに読める場所へ掲載する

キャッチコピーで掴み、リードコピーで読む気マンマン

・キャッチコピーで注意を掴まれた読み手は、なんとなく続きが気になっている状態
・リードコピーの役割は、彼らの読む気を最大値へ引き上げること
・失敗すると読み手の大半を失う
・リードコピーは広告文章の中で2番目に重要
・キャッチコピーとのセットで考える

リードコピー3つの書き方

① キャッチコピーを、さらに強化
② 続きが知りたくなる内容
③ 魅力的なオファー
　　※これら3つはミックスしてもOK

リードコピー発想術

① 人通りの多い繁華街で呼び込み
② 第一声（キャッチコピー）で、
　　3メートル先のターゲットが振り向く
③ "次の言葉"を聞いたとたん、あなたのもとへ歩み寄ってくる

第13章

読み手を夢中にさせる
「ボディコピー」の
作り方

「信じない・行動しない」を突破する

これは、マックスウェル・サックハイムという広告の偉人が唱えた、不朽の3原則です。

広告の偉人が唱えた、不朽の3原則
お客様は広告を
① 読まない
② 信じない
③ 行動しない（買わない）

何よりも重要なのは「①読まない」を突破すること。読まれなければ②も③もありません。①を突破するために、訴求、キャッチコピー、リードコピーが存在するのです。

しかし、セールスコピーでは②と③を突破することも重要。すばらしいキャッチコピーとリードコピーで読み手の注意、興味を掴んだとしても、その後のコピーがダメだとすべてが台無しになります。どうすれば、「②信じない」「③行動しない」を突破できるのか？

その答えはボディコピーにあります。

売れるボディコピーの「原理原則」とは？

ボディコピーとは、キャッチコピーとリードコピーを除いた広告文章のこと。コピーが読まれるかどうかはキャッチコピーとリードコピーで決まりますが、ボディコピーも重要です。

なぜなら、**ボディコピーが悪いとお客さんへ「買わない理由」を与えてしまう**から。読み進めた結果「それならいらない」と思われてしまうのです。そうならないためにも、まずは、ボディコピーの本質について理解を深めましょう。

●ボディコピーの目的

ボディコピーの目的は、読み手の購入意欲を育てること。キャッチコピーの目的と比較すると、それぞれに求められる文章が異なることがわかります。

キャッチコピーとボディコピーの役割の違い
・キャッチコピー

目的……読み手の注意を一瞬で掴み、続きが気になる状態へ導く

期待する読み手の反応……「なにそれ？」「どういうこと？」

・ボディコピー

目的……読み手の購入意欲を育てる

期待する読み手の反応……「うんうん」「なるほど」「コレ必要だね」

●文章センスは必要ない

売れるボディコピーを書くために文章センスは必要ありません。なぜなら、私たちが売るのは文章ではなく商品だから。日本語的に完璧^{かんぺき}で文学的に美しい文章ではなく、商品が欲しくなる文章が求められます。

つまり、
ボディコピーに求められるのは、優れたセールストークです。

◉ボディコピーは「説得」

セールストークは、言いかえると「説得術」です。つまり、「優れたボディコピー」とは、「優れた説得術」。

説得術は、大昔から世界中で研究されており、明らかにされている事実があります。それは「何をどの順序で語るか？」が重要であること。つまり、**売れるボディコピーを書くには優れた構成**が必要。

ボディコピーを書きはじめる前に、「何をどの順序で語るか？」その構成を決めておかなければなりません。

◉語る順序で反応が変わる

たとえば、反抗期の中学生におつかいを頼むときの例で見て行きましょう。「何をどの順序で語るか？」の重要性に気づけるはずです。

パターンA

母）近くのスーパーでお米を買ってきてちょうだい

子）ええ〜。重いからいやだなぁ。

母）行ってきてくれたら、お釣りをあげるから。

子）お釣りっていくらなの？

パターンB

母）ねぇ、お小遣い欲しくない？

子）欲しい！　突然どうしたの？

母）お釣りをあげるのよ。夕食のお米が足りなくて…

子）おつかいだね。いつものスーパーでいいの？

パターンAの流れだと、その後も母と子のやり取りが続きそうです。下手をすれば、お釣りの少なさに文句を言い、おつかいに行ってくれないかもしれません。

　この会話例は、「母の命令」と「子の反発」のみで成り立っています。

　パターンBの流れは、実に巧妙です。最初にベネフィットを語り興味を持たせる。次に、ベネフィットが手に入る理由を語り、命令することなく自分がやるべきことを気づかせています。

　パターンABともにお願いしている内容はおなじですが、Aは反発を生み、Bは協力を生み出しています。

●ボディコピーは「構成」が命

　ボディコピーと聞けば、多くの方が細部の表現を気にしますが、何よりも重要なのは全体の構成です。
「何をどの順序で語るか？」その流れが正しくなければ、あなたが意図する方向へ読み手を導くことはできません。

　また、これまで多くの方から「ボディコピーがうまく書けない」「支離滅裂になる」「書く手が止まる」とご相談をいただきました。

　これらの問題を解決するためにも構成から考えることは重要です。何をどの順番で語るかを決めていないから、うまく書けないのです。

　キャッチコピーを書く前に、訴求を考えなければならないとお伝えしてきましたが、**ボディコピーでは、書く前に構成を考えることが鉄則**。

　売れるボディコピーは、売れる構成の上に成り立つ。これがボディコピーの原理原則です。

売れるボディコピーに欠かせない
5つの法則

　構成の作り方をお伝えする前に、ボディコピーを書く前の心構えについて解説します。この5つの法則を守らなければ、読み手を動かすボディコピーは書けません。

●法則① 「1対多」ではなく「1対1」を意識する

　コピーの精読率を高めるには、読み手から「これって私のための案内だよね？」と思い続けてもらう必要があります。つまり、ターゲットを具体的に絞り込んだメッセージが必要。

　ターゲット母数が100人でも30人でもなく、**目の前にいるたった1人(ペルソナ)を動かすつもりで書きましょう**。万人ウケを狙ったコピーは、万人の頭上を通り過ぎます。

　一方、たった1人を動かすコピーは強い共感を生み、その1人に似た多数を動かします。

●法則② 「私」ではなく「あなた」

　ボディコピーの主役は、売り手でも商品でもなく、読み手であるお客さんです。お客さんは、売り手の自慢話に興味はありません。自分への利点に興味があるのです。

　「私はこれができます」ではなく「あなたはこうなります」と語りましょう。「私たちのすばらしい商品」ではなく「あなたに必要なすばらしい商品」と語りましょう。

　ボディコピーを書きあげた後、売り手が主役の文章が多いと、ただの自慢話になりかねないのでご注意ください。

●法則③ **伝えたいことは1つに絞る**

　実際に、これまで多くのコピーを添削してきました。残念ながら、「何を伝えたいのか」がわからないコピーは多いです。その理由は、伝えたいことを1つに絞れていないから。

　1つの広告で、たくさんの訴求を伝えようとしているのです。コピーでは、伝えたい訴求を1つに絞りましょう。その1つについて、お客さんの心が動くよう、たくさんのことを語りましょう。

　わかりやすく説得力の高いセールスコピーにおいて、**「1広告1訴求」は、重要な考え方**です。

●法則④ **長ければよいものではない**

　セールスコピーは文章量が多くなりがちです。あなたも縦に長いランディングページを見たことがあるでしょう。このような状況があるため、「文章量が多い方が売れる」と思われがちですが、違います。

　むしろ、**不要な文章は「読むストレス」を高めます**。重要なのは、買ってもらうために必要な情報をすべて伝えたかどうか。その結果、長くなったならば問題ありませんが、わざわざ長くするためにムダな情報を書き込むのは賢くありません。お客さんは無駄話に付き合うほど、ヒマではないのです。

短い方がいいってことね
あ〜、よかった〜

ひとことも
そんなこと言ってないわ

●法則⑤「わからせる」のではなく「気づかせる」

ボディコピーはセールストークであり、説得術であるとお伝えしましたが、それは相手を論破することではありません。相手が受け入れられないことを、理詰めでわからせることではないのです。

重要なのは、読み手に気づかせること。

なぜ、あなたの欲求が満たされないのか？ その原因は何なのか？ もっとも賢い解決法は何か？

その答えとして、商品の必要性や価値に気づいてもらうのです。他人を変えることはできません。自分で変わろうとするきっかけを与えるつもりで、ボディコピーを書き進めましょう。

プロが遵守する2つのルール

ボディコピーの構成は、多くのものが存在しています。私は、国内外の構成を研究し続けた結果、どのパターンにも、2つの要素が満たされていることに気づきました。

ボディコピー、プロが必ず盛り込んでいる2つのルール
ルール① 続きが知りたくなる流れ
ルール② 購入意欲を育てる流れ

現在、私は、何かの構成に沿ってボディコピーを書くことはありません。それは、たくさんの経験により、適切な構成を自由に作れるようになったからです。

ただ、いかなる場合でも、この2つのルールが守られるよう注意してい

ます。もし、あなたが経験豊富なセールスコピーライターなら、この2つのルールを守るだけで、すばらしいボディコピーが書けるでしょう。

しかし、あなたがまだ経験が浅く自信が持てない**初心者であるならば、次の５つのステップを踏み、ボディコピーを書いてください**。

じゃあ、僕は
２つのルールでいいな

はは〜ん
長い文章が苦手なのね〜

５ステップでボディコピーを書く方法

これまで、いろんなボディコピーの構成を分析し、実践してきましたが、どのような商品でも通用する型を見つけました。それが今からお伝えする「５ステップ構成」です。

具体的には、次の順序でボディコピーを書き進めます。

ボディコピー、初心者にオススメの５ステップ
ステップ① 読み手との共感
ステップ② 問題提起と解決条件の提案
ステップ③ 具体的な解決策の提案
ステップ④ ベネフィットの訴求
ステップ⑤ クロージング

この5ステップは、基本的にターゲットタイプ③を狙うボディコピーの型ですが、内容を理解すればターゲットタイプ①と②でも応用できます。

まずは、ターゲットタイプ③を狙う前提で、各ステップで何を語れば良いのかを具体的に解説していきます。

●ステップ① 読み手に共感

> ターゲットの悩み、欲求、価値観に共感しながら
> 「あなたのことをよく理解している」と語る

ボディコピーの序盤では「読み手に共感するコピー」を書きます。目的はラポールを築くこと。ラポールとは心理学用語で「この人いい感じ」と思える関係のことです。

ラポールが必要な2つの理由

なぜ、ボディコピー序盤でラポールを築くのか？

理由は2つあります。1つめの理由は、コピーの精読率がアップするから。初対面で雰囲気が合わない人の話を長く聞くことはできません。これは文章を読むときもおなじ。セールスコピーは長文になりがちで、読むこと自体がストレスの高い作業です。最初にラポールを形成すると、このストレスを減らす効果が得られます。

2つめの理由は、後に続くメッセージの印象に大きく関わるからです。おなじ内容でも、感じが良い人に言われるのと、そうでない人に言われるのでは印象に大きな差がでますよね。

完璧なラポールは求めない

ラポールは対話を通して築くものですから、文章だけで完全なラポールを築くのは不可能です。ステップ①では、読み手から「うんうんそうだよね」と感じてもらうことを目標にしましょう。

そのためには、**ターゲットの悩み、欲求、価値観、経験に共感しながら「あなたをよく理解しています」と伝えるコピー**が効果的です。

注意すべきポイントは、好感を持ってもらえるよう努めること。読み手をバカにするようなコピーや、否定するコピーを書くとラポールは築けません。

また、**続きが気になる話で締めくくりましょう。その理由は、次のステップ②を読ませるため**です。

◉ステップ② 問題提起と解決条件の提案

読み手が抱える悩みの根本原因を教え
それを解決するための有益な情報を教える

ステップ②は、次に続くステップ③のために存在しています。

ステップ③は、商品やサービスについて語るパートですが、その商品やサービスが、最高の選択肢であることを読み手自身に気づいてもらうために、ステップ②があるのです。

つまり、**ステップ②は、ステップ③のコピーを読んだとき「読み手自らが商品の必要性に気づくための仕込み」**です。

得たい反応は「教えてくれてありがとう」

そのために必要なのが**「読み手にとって有益な情報提供」**です。ターゲットが抱える問題の根本原因を伝え、その問題を賢く改善するには、どのよ

うな条件が必要かを教えます。読み手が「え？　どういうこと？」とおど
ろき、「なるほど！　ためになった」とうなずく内容を語りましょう。

　注意点は、商品については語らないこと。

　また、ステップ①とおなじように、続きが気になる話で締めくくってく
ださい。その理由は、次のステップ③を読ませるためです。

●ステップ③ 具体的な解決策の提案

あなたの商品が最高の解決法であることを証明する

　このステップでは、商品について語ります。単純に商品を売り込むので
はありません。ステップ②で提示した解決条件を満たす上で、あなたの商
品が最高の選択肢であることを証明します。ベネフィットが叶う理由とし
て商品の特徴やメリット、価値をしっかり伝えましょう。

　他のお客さんの声や推薦文、実績、事例などの客観的な証拠が用意でき
るとさらに効果的です。

　そして、ステップ②がダメだとステップ③は成功しません。このステッ
プで紹介する商品を見て、「これこそ私が求めていたもの！」と読み手が
自分の意志で気づけるかどうかは、ステップ②のクオリティで決まります。

ダイエットサプリの例文

　わかりやすく、ダイエットサプリに関してステップ②と③の例文を作り
ましたので、それぞれの関係性をチェックしてください。

ステップ② 問題提起と解決条件の提案

あなたが太りやすく痩せにくいのは、野菜不足かもしれません。食事のとき、山盛りのサラダを最初に食べると、食物繊維がフィルターの役目を果たし、糖の吸収がおさえられ、ダイエットに効果的と言われています。

ステップ③ 具体的な解決策の提案

でも、毎回山盛りのサラダを食べるのは難しい。外食も多いし、最近は野菜が高い！と思われたなら、この●●サプリがオススメです。食事前に 20mg 飲むだけで、キャベツ1個分の食物繊維が摂れます。

ステップ③の構成要素の例

・商品の特徴やメリット、価値、他との比較などを語る

・お客さんの感想文を掲載

・権威者の推薦文を掲載

11

12

13

14

15

16

17

18

19

20

書いているうちに
このサプリ欲しくなっちゃった

私も欲し～

●ステップ④ ベネフィットの訴求

たくさんのベネフィットを魅力的に語る

　このステップではベネフィットを魅力的に伝えます。ベネフィットを伝えないコピーは何も売らないコピーとおなじ。

　「ということはつまり法」を駆使し、**キャッチコピーやリードコピーでは伝えきれなかったベネフィットを、すべて語ってください**。注意点としては次の２つです。

ステップ④の注意点２つ

① **ベネフィットは具体的に表現する**
　　収入アップ　⇒　年収 100 万円アップ

② **ベネフィットが得られる理由も同時に語る**
　　年収 100 万円アップ　⇒
　　希望の外資系に転職して年収 100 万円アップ

たった１つのベネフィットが人を動かす

　コンビニや本屋で、読んだことのない雑誌を立ち読みしたことはありませんか？　おそらく、表紙に書かれていた何か１つの情報が気になって、その雑誌を手に取ったのではないでしょうか？

　この感覚に似ていますが、どれか１つのベネフィットが気になって反応するお客さんもいます。なので、**ベネフィットはなるべくたくさん伝えましょう。たくさんのベネフィットは、次のように箇条書きで表現すると読**

みやすくわかりやすくなります。

この速読術をマスターすれば…

☑ 通勤時間だけで毎月10冊以上の本が読めます

☑ 動体視力がアップし、
　バッティングセンターで140kmの速球を打てます

☑ 頭の回転が速くなり、集中力がアップします

☑ 情報処理能力がアップし、仕事でもっと結果がだせるようになります

☑ 資格や技能試験の勉強が楽になります

☑ 得たい知識や技術を、短時間で脳内にインプットできます

●ステップ⑤ **クロージング**

今すぐレスポンスしてもらう

　ステップ⑤では、マックスウェル・サックハイム広告の3原則にある「広告を読んでも行動しない」を突破するために存在します。

　このステップは非常に重要です。クロージングとは、お客さんとの取引を成立させることです。**ステップ⑤がダメだと、ステップ④までが良くても申込んでくれません。「また今度でいいか」と離脱してしまう**のです。一度離脱したお客さんの多くは、二度と買ってくれません。

　もしくは、別の商品に申込みしてしまいます。

　クロージングを成功させるには、次の3つが必要です。

> **クロージング成功のポイント3つ**
> ① 今すぐ申込むべき理由
> ② リスクリバーサル
> ③ 価格の正当性

① 今すぐ申込むべき理由

「○月○日までにお申込みの方は○円割引」「先着○名に限り○をプレゼント」など、今すぐ申込まないと損するオファーが効果的です。

② リスクリバーサル

「保証」「サポート」「お試し期間」など、申込み後に考えられる後悔やリスクを払拭するオファーが効果的です。

③ 価格の正当性

たとえ低価格な商品であっても、コスパに優れている理由を語りましょう。安さを謳うのではありません。価値の高いものがお得な価格で手に入ることを感じさせるのです。

多くの方が**クロージングで手を抜いて失敗します。背中を押されなければお客さんは動いてくれませんので、最後の最後まで気を抜かないよう**注意しましょう。

オファーの段落まで来ると
力尽きてるんだよね……

コピーライティング
"あるある"ね

ターゲットタイプ③のボディコピー例

5ステップ構成を使った、ボディコピー例をご紹介します。商品は「ポチらせるキャッチコピー講座」。狙うターゲットタイプは③で、ホームページからの問合せを増やしたいけど、キャッチコピーが大きく影響することを知らない人たちです。

キャッチコピー

1年間反応がゼロだったホームページから、

毎日2〜3件の問合せが入るようになった方法

リードコピー

何をどうやっても反応ゼロのホームページと、毎日問合せが入るホームページ（そのちょっとした違いとは？）

ステップ① 読み手との共感

がんばってホームページを作ったけど反応がない。リスティング広告にも出稿したのに、ライバル社のページも参考にしているのに、どうしてだろう…。あなたにもこんな経験はありませんか？　不思議ですよね。お客さんが満足するサービスを提供しているはずなのに、他よりも自信があるのに、なぜ、問合せが増えないのでしょうか？

ステップ② 問題提起と解決条件の提案

実は、最初の2〜3行の言葉でお客さんの90%を逃しているかもしれません。つまり、ほとんどのお客さんが、がんばって作ったホームページのごく一部しか読んでいないのです。お客さんは最初に見る数行の言葉

（キャッチコピー）で読むかどうかを決めています。時間にするとたった数秒。読まれなければ商品の良さが伝わらないので売れません。でも、一発で読み手の注意を掴むキャッチコピーがあれば、あなたのページはもっと読まれます。つまり、あなたのサービスの良さがしっかりと伝わり、問合せが増えるのです。

ステップ③ 具体的な解決策の提案

「でもキャッチコピーってどうやって書けばいいの？」「文章は苦手」「何だか難しそう」と思われたかもしれませんが、ご安心ください。「ポチらせるキャッチコピー講座」では、すでに 500 人以上の方が、すばらしい結果を手にしています。1 年間反応がゼロだった方でも、たった 3 ヶ月で毎日 2〜3 件の問合せが得られるようになりました。まずは、売れるキャッチコピーの作り方が、たった 3 時間で習得できる映像授業をご覧ください。わからないところは、経験豊富なコピーライターが、笑顔で何度でも教えてくれるので、初心者でも大丈夫。本やネットで学ぶより早く、確実に、あなたのコピーライティングスキルはグングン伸びます。さらに、キャッチコピー添削は回数無制限。あなたのホームページが優秀な営業マンに生まれ変わるまで、徹底的にサポートします。

※お客さんの感想文を掲載

ステップ④ ベネフィットの訴求

売れるキャッチコピーが書けるようになったら…

☑ ホームページから問合せが増えて集客が安定する

☑ 広告の費用対効果がアップし、資金に余裕がでる

☑ チラシや DM でも集客できるようになり販路が増える

☑ ブログやメールの読者が増えファンが増える

☑ 注目を集めたいスピーチやプレゼンでも効果抜群

ステップ⑤ クロージング

「ポチらせるキャッチコピー講座」の料金は、月880円。コピーライティングの本を1冊買うよりも安いうえに、映像授業だけではなく経験豊富なコピーライターのサポートも受け放題。ぜひ、他のコピーライティング講座と比較してください。圧倒的なコスパにおどろくでしょう。訴求作りからキャッチコピーが学べる講座は、めったにありません。今なら3日間無料でお試しいただけます。残り定員は58名。お申込みはお急ぎください。

長文はイヤだ〜　　あとチョットでしょ
ガンバガンバ

「検討客」向け
ターゲットタイプ②のボディコピー例

　ターゲットタイプ②を狙う場合も、5ステップでボディコピーの構成が作れます。

　ターゲットタイプ②は「どれにしようかな？」「どうしようかな？」と悩む検討客です。そのため、**ステップ①からステップ⑤のクロージングまで、一貫して「他との違い」を訴える内容が求められます**。

　先ほどのボディコピーの5ステップを、もう一度掲載します。

ボディコピー、初心者にオススメの5ステップ
ステップ① 読み手との共感
ステップ② 問題提起と解決条件の提案
ステップ③ 具体的な解決策の提案
ステップ④ ベネフィットの訴求
ステップ⑤ クロージング

　例文を挙げましょう。商品は、先ほどとおなじ「ポチらせるキャッチコピー講座」。狙うターゲットタイプは②。ホームページへの反応を増やすためにキャッチコピーが重要なことは知っており、それなりに学んでいます。

　しかし、思うような結果が得られず、プロの手を借りようか考え中です。そんな彼らに対して「訴求作り」と「コスパ」を、他との違いとして訴えたボディコピーです。

キャッチコピー

なぜ、たった3行のキャッチコピーを変えるだけで、1年間反応ゼロの
ホームページから毎日2〜3件の問合せが入るようになったのか？

リードコピー

すでに500人以上が、この方法で売れるキャッチコピー作りに成功して
います。しかも、今なら3日間無料でお試しいただけますが…

ステップ① 読み手との共感

あなたもご存じのとおり、ホームページでキャッチコピーは重要です。
たった2〜3行のキャッチコピーが、ホームページへの反応をひとケタ
変えてしまうこともあります。しかし、本やネットで学んだことをその
まま実践しても、思うような効果が得られない…。テンプレートにあて
はめても反応がアップしない…。いったい何が違うのだろう…。あなた
もこのように悩んでいませんか？

ステップ② 問題提起と解決条件の提案

実は、キャッチコピーの表現だけにこだわっても結果は変わりません。
なぜなら、お客さんはすばらしい文章表現ではなく、すばらしい提案を
求めているから。たとえば、真夏にアツアツのおでんを売る場合、おで
んの美味しさをどれだけ上手に表現しても、買ってくれる人は増えない
でしょう。しかし、ダイエット中の方へ、カロリーの少ない美味しいラ
ンチとして提案すればどうでしょうか？　それを強く求める人が見えて
きますよね。このように、キャッチコピーを書く前に、「売れる提案＝訴
求」を徹底して考える必要があります。「訴求」がダメだと、どれだけす
ばらしいテンプレートを使っても、ただの言葉あそびで終わってしまう
のです。

ステップ③ 具体的な解決策の提案

「でも訴求ってどう考えればいいの？」「何だか難しそう」と思われたか

もしれませんが、ご安心ください。「ポチらせるキャッチコピー講座」では、一般的な本やネットでは学べない「売れる訴求の作り方」と、それを魅力的に表現する「キャッチコピーの書き方」がわかりやすく学べます。基本的な技術は、3時間の映像授業で習得でき、わからないところは、経験豊富なコピーライターが、笑顔で何度でも教えます。さらに、キャッチコピー添削は回数無制限。あなたのホームページが優秀な営業マンに生まれ変わるまで、訴求作りから徹底的にサポートします。すでに500人以上の方が、すばらしい結果を手にしました。1年間反応がゼロだった方も、たった3ヶ月で毎月10件の問合せが得られるようになったので、経験者のあなたならもっと上手く行くはず。

※お客さんの感想文を掲載

ステップ④ ベネフィットの訴求
売れる訴求とキャッチコピーが作れるようになったら…
☑ ホームページから問合せが増えて集客が安定する
☑ 広告の費用対効果がアップし、資金に余裕がでる
☑ チラシやDMでも集客できるようになり販路が増える
☑ ブログやメールの読者が増えファンが増える
☑ 注目を集めたいスピーチやプレゼンでも効果抜群

ステップ⑤ クロージング
「ポチらせるキャッチコピー講座」の料金は、月880円。コピーライティングの本を1冊買うよりも安いうえに、映像授業だけではなく経験豊富なコピーライターのサポートも受け放題。ぜひ、他のコピーライティング講座と比較してください。圧倒的なコスパにおどろくでしょう。訴求作りからキャッチコピーが学べる講座は、めったにありません。今なら3日間無料でお試しいただけます。残り定員は58名。お申込みはお急ぎください。

「購入意欲が高い客」向け
ターゲットタイプ①のボディコピー例

　ターゲットタイプ①は商品に対する欲求が高いため、それほど多くを語らなくても反応が得られます。そのため、ターゲットタイプ②③と比べてボディコピーの量が少なくなります。

●ステップ①②を省略

　ターゲットタイプ①を狙う場合、ステップ①とステップ②は省略しても問題ありません。ステップ①は、読み手とのラポールを築く部分です。
　ただし、ターゲットタイプ①は、すでにあなたの商品を強く求めているので、わざわざラポール作りに励む必要はありません。ステップ②は、商品の必要性に気づいてもらうために存在していますが、ターゲットタイプ①は、商品の価値（必要性）をよく知っています。欲求も高いため、わざわざ商品の必要性を教育しなくてもよいのです。
　タイプ①を狙う場合は、ムダなコピーで足止めさせるのは良くありません。購入に必要な情報をスパッと語って申込んでもらいましょう。

【ターゲットタイプ①】
ボディコピー、初心者にオススメの5ステップ
ステップ①……読み手との共感
ステップ②……問題提起と解決条件の提案
ステップ③……具体的な解決策の提案
ステップ④……ベネフィットの訴求
ステップ⑤……クロージング

ボディコピーの例を挙げましょう。商品は先ほどとおなじ「ポチらせるキャッチコピー講座」です。そして、この講座を強く求めているターゲットタイプ①を設定します。この講座を運営する会社のファン層へ、商品を売るイメージで読んでみてください。

キャッチコピー
大反響「ポチらせるキャッチコピー講座」3日間無料キャンペーン

リードコピー
すでに500人以上がこの方法で売れるキャッチコピー作りに成功しています。3日間無料キャンペーンは残り58名なのでお急ぎください…

ステップ③ 具体的な解決策の提案
4月にリリースした「ポチらせるキャッチコピー講座」ですが、すでに多くの方が、すばらしい結果を手にしています。1年間反応がゼロだった方も、たった3ヶ月で毎月10件の問合せが得られるようになりました。その理由は、本やネットでは学べない「売れる訴求の作り方」と、それを魅力的に表現する「キャッチコピーの書き方」がわかりやすく学べるから。基本的な技術は、3時間の映像授業で習得でき、わからないところは講師が笑顔で何度でも教えてくれます。さらに、キャッチコピー添削は回数無制限。あなたのホームページが優秀な営業マンに生まれ変わるまで、訴求作りから徹底的にサポートします。

ステップ④ ベネフィットの訴求
「ポチらせるキャッチコピー講座」で学べば…
☑ ホームページから問合せが増えて集客が安定する
☑ 広告の費用対効果がアップし、資金に余裕がでる
☑ チラシやDMでも集客できるようになり販路が増える
☑ ブログやメールの読者が増えファンが増える
☑ 注目を集めたいスピーチやプレゼンでも効果抜群

ステップ⑤ クロージング

大反響をいただいている「ポチらせるキャッチコピー講座」。料金は月880円。コピーライティングの本を1冊買うよりも安いうえに、映像授業だけではなく経験豊富なコピーライターのサポートも受け放題。ぜひ、他のコピーライティング講座と比較してください。圧倒的なコスパにおどろくでしょう。訴求作りからキャッチコピーが学べる講座は、めったにありません。今なら3日間無料でお試しいただけます。残り定員は58名。お申込みはお急ぎください。

器用に寝るわね……

迅速にボディコピーを書きあげる3ステップ

　ボディコピーをなるべく短時間で書きあげる方法をお伝えします。ボディコピーの執筆は慣れるまでに時間がかかりますが、この3つのステップで取り組めば、時間を短縮しながらイキイキとした質の高いボディコピーが書けるようになります。

迅速にボディコピーを書きあげる3ステップ
ステップ① 細かいところは気にせず、とにかく書き進める
ステップ② 書き終えたら1日放置してブラッシュアップ
ステップ③ 最終チェック

ステップ① **細かいところは気にせず、とにかく書き進める**

「なかなか書き進められない」「途中で何度も手が止まる」などの問題は、最初から細かいところにこだわり過ぎていることが大きな原因です。

　まずは、乱文でもよいので、ざっくばらんに書き進めましょう。誤字脱字や表現にこだわらず、とにかく書き進めてください。**キーボードの「Delete」「Back Space」は使用禁止**です。

ステップ② **書き終えたら1日放置してブラッシュアップ**

　ざっくばらんに書き終えたら1日放置してください。あるていど時間を置かなければ冷静に見直せないので、放置期間中は1文字も読み返してはいけません。

　その後、コピーを読み直して誤字脱字や表現を修正します。**少しでも不要に感じたコピーは勇気を出して削除**しましょう。

　執筆後の修正や編集を「ブラッシュアップ」と呼びますが、ボディコピー執筆において重要な工程です。

ステップ③ 最終チェック

ブラッシュアップを終えたら、書いたコピーを声にだして読みます。スラスラ読めない部分や言葉に詰まった部分をチェックして、さらに読みやすくなるようブラッシュアップしてください。

最終チェックの精度を高めるには、**自分だけではなく他人に読んでもらうのも非常に効果的**です。

最終チェックの項目

・5ステップに沿っているか？

・説得力が高いか？

・わかりやすいか？

・続きが読みたくなるか？

・誤字脱字はないか？

・スラスラと読めるか？

それでもボディコピーが書けなかったら…

「書く作業」を「話す作業」にチェンジする方法をオススメします。
　具体的にはこの３つのステップで取り組みます。

ステップ① ペルソナに近い写真を用意する

　グーグルの画像検索などを使って、ペルソナに近いターゲット写真を探してください。見つけたら、それをプリントアウトして目の前に置きます。

ステップ② 写真に向かってセールストーク

　ボディコピーの５ステップ構成に基づき、写真に向かってセールストークをします。表現などの細かいところは気にせず、とにかく話し続け、そのすべてを録音してください。

ステップ③ 文章におこしてブラッシュアップ

　録音したセールストークを文章におこします。その後、文章の流れ、誤字脱字、表現などを修正してブラッシュアップすれば完成です。

ボディコピーの基礎知識

・ボディコピーとはキャッチを除いた広告本文
・ボディコピーがダメだと買わない理由を与える
・構成（何をどの順序で語るか？）が重要
・書く前に構成を考える

売れるボディコピー5つの法則

法則①「1対多」ではなく「1対1」を意識する
法則②「私」ではなく「あなた」
法則③　伝えたいことは1つに絞る
法則④　長ければよいものではない
法則⑤「わからせる」のではなく「気づかせる」

ボディコピーの構成は5ステップ

ステップ①　読み手との共感
ステップ②　問題提起と解決条件の提案
ステップ③　具体的な解決策の提案
ステップ④　ベネフィットの訴求
ステップ⑤　クロージング

※ターゲットタイプ②を狙う場合は、他との違いにフォーカスした内容を書く。
※ターゲットタイプ①を狙う場合は、ステップ①②を省略してもよい。

迅速に書きあげる３ステップ

ステップ① 細かいところは気にせず、とにかく書き進める
ステップ② 書き終えたら１日放置してブラッシュアップ
ステップ③ 最終チェック
※重要なのは、執筆後の修正や編集（ブラッシュアップ）

ブラッシュアップの項目

・５ステップに沿っているか？
・説得力が高いか？
・わかりやすいか？
・続きが読みたくなるか？
・誤字脱字はないか？
・スラスラと読めるか？

どうしても書けないときの３ステップ

ステップ① ペルソナに近い写真を用意する
ステップ② 写真に向かってセールストーク
ステップ③ 録音したセールストークを文章におこしてブラッシュ
　　　　　アップ

経験が浅い方は５ステップの構成を意識しながら書き進めてください。やればやるほど、説得に必要な流れやリズムが身に付きます。慣れてくると、構成を意識することなく短時間で説得力の高いボディコピーが書けるようになりますよ。

第14章

販売力を強化する
ボディコピー
「21の表現技術」

ブラッシュアップの技術

　この章では「説得力を高める技術」、「わかりやすく伝える技術」、「続き
を読ませる技術」をお伝えします。

　第13章では、5ステップの構成に沿って、まずはボディコピーをざっ
くり書きあげ、その後ブラッシュアップして完成させるとお伝えしました。

　今回お伝えする21の表現技術は、次の3つで構成されています。

販売力を強化するボディコピー21の技術

・説得力を高める技術9つ

・わかりやすく伝える技術9つ

・続きを読ませる技術3つ

　それぞれブラッシュアップで、各文章のクオリティを高めるときに使用
します。

説得力を高める技術①
「客観的な事実を語る」

　主観的なメッセージは、書き手個人の意見にすぎません。

　しかし、客観的事実に基づいた情報は、他の人が見ても揺るぎない事実
です。つまり、**説得力を高めようと思えば、主観的なメッセージよりも客
観的事実が求められます**。

　たとえば、プロテインの効果を語るとき、主観と客観では、このような
違いが生まれます。

> - **主観** 「筋肉を大きくするならプロテインが必要です」
> - **客観** 「ボディビルダーはプロテインを飲んでいます」

　プロテインの効果を知るうえで、説得力が高いのはどちらでしょうか？
　言うまでもなく後者ですよね。ボディコピーでは、個人的な意見ばかりを語るのではなく、読み手が共感できる「客観的事実」を語るようにしましょう。そのためには、商品の優位性に関連した客観的事実をリサーチで見つけておく必要があります。

説得力を高める技術②
「具体的に語る」

　キャッチコピー編でもお伝えしましたが、**具体化は信憑性を高めます**。具体的な文章表現は説得力アップにも役立つということ。次の例で見比べてみましょう。

> - **具体的ではないコピー**
> メニューに「オススメ」と表示するだけで、
> その商品が売れるようになりました
>
> - **具体的なコピー**
> メニューに「オススメ」と表示するだけで、
> その商品が3倍売れるようになりました

　説得力の高い文章には具体性が求められます。傍線の通り、**数字で表現できる言葉は、なるべく具体的な数字で表現**しましょう。

説得力を高める技術③
「読み手の確信に入り込む」

　目新しいことを伝えるケースで効果的な表現方法です。新しすぎることは、その良さを伝えるのに苦労します。

　なぜなら**多くの人が、見たことがあったり聞いたことがあるものに、安心を抱くから。ほとんど知らないものについては、不安やリスクを感じてしまいます**。

　このような状況があるため、目新しいことの良さを伝えるには「読み手の確信」に入り込む表現が効果的。**読み手がすでに経験していること、読み手が正しいと信じていることに乗っかる**のです。

　人は、過去の経験に基づき良し悪しを判断しますが、彼らの頭の中にある「確信という名の物差し」をひっぱりだし、その良さを測ってもらうのです。

◉ HMB サプリの例

　たとえば、トレーニング愛好家へ「HMBサプリ」の良さを伝える場合で考えてみましょう。

　HMBは、筋肉を作るたんぱく質合成の増大、運動による筋肉分解防止などの効果が期待できるサプリメント素材です。今では広く知られているHMBサプリですが、登場したときは、多くのトレーニング愛好家にとって新しすぎる商品でした。

　この場合、どうやってHMBサプリの良さを伝えるべきでしょうか？ダメなコピーと、良いコピーで見比べましょう。

> **・ダメなコピー**
> 筋肉を作るたんぱく質合成の増大や、
> 運動による筋肉分解防止をサポートする HMB が、
> 手軽にたくさん摂取できるサプリメントです

このコピーだと、HMBをよく知らない読み手は、その良し悪しを判断できません。しかし、トレーニング愛好家の誰もが知っているプロテインを物差しに使うと、このようなコピーになります。

> **・良いコピー**
> 筋肉を作るたんぱく質合成の増大や、
> 運動による筋肉分解防止をサポートする HMB。
> このサプリなら、たった5粒でプロテイン20杯分の HMB が摂取できます。

多くのトレーニング愛好家がプロテインの良さを確信しているため、HMBサプリが良い物であることをわかってもらえます。

このように、**目新しいことの良さをわかってもらいたいときは、読み手の確信に入り込む表現を考えましょう**。

説得力を高める技術④
「証拠を見せる」

「論より証拠」「百聞は一見にしかず」という言葉があるように、説得するには証拠を見せるのが効果的です。1件の証拠は、よくできた100の言葉に勝ります。

結果、実績、ビフォーアフター、社会的証明、権威などの証拠は可能な限り用意して、効果的に見せましょう。

説得力を高める技術⑤
「リンゴとミカンを比べる」

　セールスでよく知られる手法ですが、クロージングで、商品の価値（価格）の正当性を語るときに使いやすい表現法です。**直接の競合商品ではなく、別のものを比較対象にすることで商品価値を高めます。**

　リンゴとミカンを比べる方法にはいろんな表現法が考えられます。**クロージングで価値（価格）の正当性を語るとき、次の3つをヒントに価値が高まる比較表現を考えてみてください。**

説得力を高める、比較対象3つ
① 他の商品ジャンルと比較
② ベネフィットの価値（手に入るもの）と比較
③ ベネフィットの価値（節約できるもの）と比較

●対象① 他の商品ジャンルと比較

　もっともシンプルな方法は、**他の商品ジャンルと比較**するやり方です。たとえば、少し高めの美顔器を売る場合、比較対象を美容クリニックの「フォトフェイシャル」と比較すると、こんな表現が可能です。

> コピー例）
> 毎月フォトフェイシャルに通うと年間20万円近くかかります。
> しかし、この美顔器ならたった5万円で何度でもご利用いただけます。
> ご家族全員でご利用いただいても、それ以上のコストはかかりません。

●対象② ベネフィットの価値（手に入るもの）と比較

たとえば、クリニックへ新しい医療機器を売るとき、院長から「今の機器より高いじゃないか」と言われたらどうしますか？　もし、検査スピードがアップする医療器具なら、こんな表現が可能になります。

コピー例）
この医療機器は安くありません。
しかし、従来の機器よりも検査スピードが3倍速くなるので、
今より多くの患者さんに対応できるようになります。
つまり、1日あたりの診療報酬が増やせます。

これは**他製品との価格ではなく、商品から得られる経済的なベネフィットと比較**した例です。

●対象③ ベネフィットの価値（節約できるもの）と比較

また、節約を比較対象にしたこんな表現も可能です。

コピー例）
この医療機器は安くありません。
しかし、従来の機器よりも検査スピードが3倍速くなるので、
検査スタッフの人件費を削減できます。

他に、住宅販売で毎月13万円の返済プランを提示するとき、こんな表現ができます。

> コピー例)
> 今の家賃は、駐車場代を入れると 15 万円ですよね。
> それより 2 万円低い支払いで、この広い家が買えますよ。
> 支払いが終われば、毎月 13 万円ずつ貯金することもできるでしょう。

この例は、**節約できるベネフィットと、手に入るベネフィットの両方をだして、価値の正当性を語っています。**

説得力を高める技術⑥
「3つの理由」

「○○できる３つの理由」みたいなコピーを見たことはありませんか？
　適当に３つの理由を挙げているのではありません。あえて理由を３つにしているのです。なぜなら、**3つの理由は、説得力を高める**から。

● 「3」は安定感が伝わるマジカルナンバー

　カメラの三脚のように、3は物理的な安定が得られる数字であり、私たちは、これを本能的に知っています。
　ことわざでも「三拍子そろう」「三位一体」「三人寄れば文殊の知恵」のように「3」を使った言葉は多いですよね。
　また、「世界三大料理」「日本三大祭り」「三大欲求」など、普段から見

聞きする情報にも「3」が付くものは多く、心に入りやすい数字でもあります。

　もし、何かの理由を語るならば、理由を3つ述べましょう。**多少強引になっても、その方が説得力は高まります。**

トレーニング後にプロテインを飲むべき理由

理由① 筋肉を育てるにはタンパク質の摂取が重要
理由② 普段の食事で摂れるタンパク質では足りない

↓ ↓ ↓

理由① 筋肉を育てるにはタンパク質の摂取が重要
理由② 普段の食事で摂れるタンパク質では足りない
理由③ ほとんどのボディビルダーがプロテインを飲んでいる

実は、モテたいから
筋トレしてるんです　　なんかカワいいわね～

●多すぎる理由を３つにまとめる

禁煙すべき理由

多すぎる理由を、あえて３つにまとめるのも効果的です。**お客さんは、それほど集中せずに広告を読み進めるので、多すぎる理由は受け入れてもらえません。**

理由を削ったりまとめたりできないか、考えましょう。

理由① ガンのリスクが高まる
理由② 心疾患のリスクが高まる
理由③ 脳血管疾患のリスクが高まる
理由④ お金がもったいない
理由⑤ 副流煙が周りに迷惑

↓ ↓ ↓

理由① ガンや心疾患などの重病リスクが高まる
理由② お金がもったいない
理由③ 副流煙が周りに迷惑

説得力を高める技術⑦
「三段論法」

この文章を読んでみてください。

> 食物繊維はお通じに良い。
> ごぼうは食物繊維が豊富。
> だから、ごぼうはお通じに良い。

これは三段論法と呼ばれる技術を使った文章です。上手に使えば説得力がアップします。三段論法の構成は、次のとおりです。

三段論法の構成
① A は B（全体のことを言う）
② C は A（一部のことを言う）
③ だから、C は B（結論を述べる）

ごぼうがお通じに良いことを解説する場合
① A（食物繊維）は B（お通じによい）
② C（ごぼう）は A（食物繊維）が豊富
③ だから、C（ごぼう）は B（お通じによい）

三段論法は、何かのロジックを考えるときに活用するのが良いでしょう。三段論法で完成した文章は、そのままだと読みにくくなるからです。

ボディコピーでは、三段論法で考えたロジックをわかりやすく表現した

11
12
13
14
15
16
17
18
19
20

文章を書いてください。

たとえば、ごぼうの例ならば、最終的に下記の一文で表現します。

> ごぼうには、お通じに良い食物繊維がたっぷり含まれています。

食物繊維のサプリと
ごぼうを食べてたら
たくさん出ました……

サイガニック表現ね〜

説得力を高める技術⑧
「1文字もムダにしない」

おなじ一文の中に重複する言葉や似通った言葉があれば、どちらかを別の表現にしましょう。わずか数文字の違いでも、情報の価値が高まり説得力がアップします。極端な例になりますが、次の文章を見比べてください。

> × 売上がアップする、売れるブログの作り方
> ○ 売上がアップする、ちょっとズルいブログの作り方

いかがでしょうか？ わずか数文字ですが、伝わる価値が変わったことを実感できますよね。

説得力を高める技術⑨
「わざと欠点を語る」

　どのような商品にも欠点はありますが、あえて欠点を語った方が良い場合もあります。欠点が強みになるケースです。

　たとえば、このコピーを読んでみてください。

> 例）カニの激安通販
> 当店のカニは、北海道産なのに価格は相場の半額以下。
> その理由は、足が折れているなどの事情で一般流通に卸せなかったカニだから。見た目は美しくありませんが、味や身の多さは、一般的に流通しているカニとおなじなのでご安心ください。

> 例）チラシ制作サービス
> 弊社のチラシ制作サービスは安くありません。制作期間も1ヶ月かかります。その理由は、どこよりも良い結果を約束するから。お客さまが目標とするレスポンスに到達しなければ、料金を全額返金します。

　これら2つのコピーは、欠点を正直に語ることで、価値の高い物が手に入ることを伝えています。もし、**欠点が気にならなくなる理由があれば、正直に語りましょう。その正直さは、お客さんの信頼を得るうえで強い武器になります**。

わかりやすく伝える技術①
「具体化＋アホ化」

　広告は、ぼんやりとした意識で読まれます。どれだけ知性の高い人でも、広告を読むのに頭を使おうとしません。つまり、難しい話は頭に入らず、少しでも難しいと思われたら、その時点で読むのをやめてしまいます。

　ターゲットが高学歴な専門家でも、わかりやすい表現を心がけましょう。私はこれまでに、歯科医師や獣医師などの専門家へ治療技術を売るコピーを何度も書いてきましたが、わかりやすい表現の方がレスポンスは高かったです。

避けた方がよい言葉

・調べないとわからない熟語、ことわざ、漢字

・外国語、方言

・ターゲットが知らない専門用語

　もし、難しい言葉を使うことになったら、その言葉を具体化してから、アホ（そのトピックのド素人）でも食いつくような、とっつきやすい言葉で表現しましょう。おどろくほどわかりやすくなります。「算定基礎届」という企業が毎年、日本年金機構に届け出る書類を、「具体化＋アホ化」すると、こうなります。

「算定基礎届」

↓**具体化**

「毎月支払う社会保険料や、将来もらえる年金を計算するためにだす書類」

↓**アホ化**

「バカ高い社会保険料や、将来もらえる年金をミスらないための書類」

わかりやすく伝える技術②
「読み手が使う言葉で語る」

　コピーはわかりやすさが大切ですが、**ターゲットが日常で使う専門用語はそのまま書いた方が伝わります**。たとえば、以下のとおりです。

ターゲット：歯科医師
「入れ歯 ⇒ 義歯」「上の前歯 ⇒ 上顎1番」

ターゲット：美容師
「ハサミ ⇒ シザー」「クシ ⇒ コーム」

ターゲット：釣り好き
「釣れなかった日 ⇒ ボウズ」「魚の活性が高い時間帯 ⇒ 時合い」

　専門的な商品を売る場合は、特に重要です。業界のことをわかってない人からのメッセージは信用されません。ターゲットが、どのような専門用語を使うのか？　しっかりとリサーチしてからコピーを書きましょう。

すみません、
ナカひとつ頂戴……

居酒屋のコピーか〜

わかりやすく伝える技術③
「漢字を減らす」

セールスコピーは国語のテストではありません。読みやすくするために、漢字を減らすことも必要です。次のAとBの文章を比べてみてください。

A
平仮名の割合を増やす事で 読み易くなる。

B
ひらがなの割合を増やすことで 読みやすくなる。

Bの方が、自然と頭に入ってくると思います。私はいつも、**漢字30%、ひらがな70％の比率を目安**にしています。重要なことなので何度もお伝えしますが、お客さんは広告を読むのに頭を使いたくないのです。

次に、使い方に注意したい漢字のリストも記しておきます。これらは、特別な意図がなければ、漢字でなくひらがなが良いでしょう。

達 → たち	易い → やすい	予め → あらかじめ
頃 → ころ・ごろ	殆ど → ほとんど	概ね → おおむね
事 → こと	程 → ほど	更に → さらに
全 → すべて・まったく	致す → いたす	何故 → なぜ
頂く → いただく	丁度 → ちょうど	且つ → かつ
下さい → ください	既に → すでに	様々 → さまざま
無い → ない	為に → ために	色々 → いろいろ
出来ない → できない	未だ → いまだ	内に → うちに
出来事 → できごと	然し → しかし	或いは → あるいは
是非 → ぜひ	但し → ただし	暫く → しばらく

わかりやすく伝える技術④
「一文を短くする」

サッと読めて、わかりやすいのはどちらのコピーでしょうか？

> **A**
> セールスコピーライターで活躍するプロは、まだほとんどいないため、
> 腕が良ければ仕事に困らず、報酬の高い仕事が請け負えます。

> **B**
> セールスコピーライターで活躍するプロは、まだほとんどいません。
> 腕が良ければ仕事に困らず、報酬の高い仕事が請け負えます。

Bの方が読みやすく、わかりやすいと感じたはず。その理由は、長い一文を短い文章で分割しているから。

BはAの文章を2つに分割しています。**Aのように一文が長すぎると読みにくいだけではなく、何が言いたいのかよくわからなくなりがち**です。

ブラッシュアップのとき「長くて読みにくい」と感じたら、句点（。）を使って文章を分割しましょう。

「腕が良ければ」か……　　　なんとかなるわよ〜

わかりやすく伝える技術⑤
「情報を視覚化する」

　言葉だけでは説明が難しい場合、図や表、イラストを使うのも効果的です。

　たとえば、足の裏にはたくさんのツボがあります。それぞれのツボが、全身のどこに影響するのかを言葉だけで説明できますか？

　難しいと思います。でも、こういったイラストがあれば、伝えたいことを、一発で表現できます。

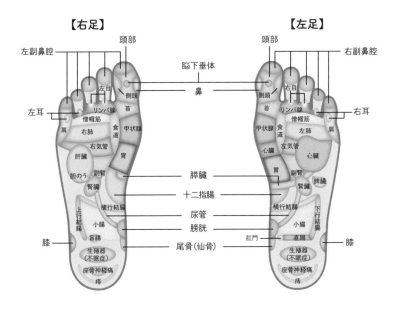

　言葉だけでどうにかしようと思うのは賢くありません。世の中には、言葉だけでは上手に伝えられないこともたくさんあります。

　どうしても**説明が難しいと悩んだなら、図や表、イラストを使い、情報を視覚化する方法も考えてみましょう**。

わかりやすく伝える技術⑥
「イメージさせる」

ベネフィットや特徴、メリットを伝えるとき、その情景が目に浮かぶような五感に訴える表現を心がけましょう。その方が魅力的に伝わりますし、記憶にも残りやすいのです。

> **五感に訴えないコピー**
> 夏場のヘルメットは熱すぎる。
> でも、冷風ヘルメットがあれば、
> 頭の中が涼しく快適です。

> **五感に訴えるコピー**
> 夏場のヘルメットは、
> まるでサウナ。
> でも、冷風ヘルメットがあれば、
> 頭の中がひんやり快適です。

はじめまして
冷風ヘルメット愛用者の
松本留五郎です

- **名前**…松本留五郎（通称：トメ・46歳男性・大阪府浪速区）
- **家族構成**…天涯孤独（父親と暮らしていたが、若くして死別）
- **職業**…廃品回収業（ひとり社長）
- **性格**…怒りっぽいが底抜けに明るい。他人の成功を心から喜べる。
- **興味関心**…アンチエイジング（年齢と見た目のギャップがあるため）
- **悩み**…ヘルメット内の汗とムレによる、毛根へのダメージ。
- **その他**…WEBに疎い。全角と半角の違いもわからない。

わかりやすく伝える技術⑦
「箇条書きにする」

複数の特徴やメリット・ベネフィット・理由を語るとき、一連の文章で伝えるより、箇条書きで述べた方が読みやすく理解しやすくなります。

一段落で３つの理由を語るコピー

禁煙すべき理由は３つあります。１つめは、ガンや心疾患などのリスクが高まること。２つめは、お金がもったいない。３つめは副流煙が周りに迷惑だから。

箇条書きで表現したコピー

あなたが禁煙すべき３つの理由とは？

理由①　ガンや心疾患などのリスクが高まる

理由②　お金がもったいない

理由③　副流煙が周りに迷惑

また、**箇条書き部分では最初の語句に注意してください。最初の語句がおなじだと手に入る情報量が少なく感じます**。多少強引でも最初の語句はすべて違った表現にした方が、見た目の情報価値が高まります。

最初の語句がおなじ

・売れるコピーとは？

・売れるキャッチコピーの書き方

・売れるコピー５つの事例

最初の語句がすべて異なる

・売れるコピーとは？

・失敗しないキャッチコピーの書き方

・バカ売れコピー５つの事例

わかりやすく伝える技術⑧
「割引表記の注意点」

「〇円割引」「〇%オフ」とだけ書かれている広告をよくみかけますが、非常にもったいない。せっかく**割引するならば、どれだけ安くなったかを、わかりやすく伝えましょう**。

　ほとんどのお客さんが、割引前の値段をしっかり覚えていません。**料金が認知されていない商品ならば特に重要で、レスポンスに大きく影響**します。

> **伝わりやすい「割引表記」の例**
> ・3,000円割引 ⇒ 3,000円割引（定価7,980円が4,980円）
> ・40%オフ ⇒ 40%オフ（3,000円が1,800円）
> ・2枚買ったらもう1枚無料 ⇒ 2枚買ったらもう1枚無料(1,200円お得)

わかりやすく伝える技術⑨
「チャートを使う」

　複雑な説明を、わかりやすく補足できるのがチャートです。言葉で説明した後にチャートを見せることで、読み手の理解を深めます。
　次に、私がよく使うチャート3つとその特徴を記します。
　チャートは他にもいろんな様式があるので、**説明したい内容に合わせて活用**しましょう。

フローチャート（ものごとの順序をビジュアル化）

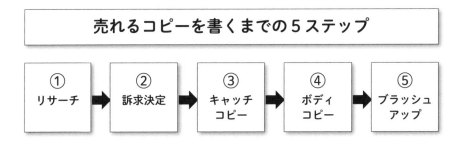

サイクルチャート（繰り返し起こることをビジュアル化）

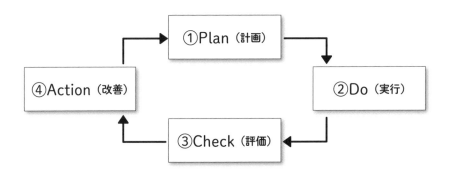

フローインチャート（ものごとが成り立つための要因をビジュアル化）

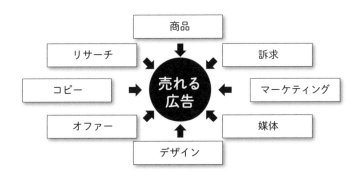

続きを読ませる技術①
「リズム感を高める」

セールスコピーをスラスラ読み進めてもらうには、リズム感が重要。文章のリズム感を高める方法は2つあります。1つめは、「わかりやすく伝える技術④」でお伝えした、一文を短くする方法。2つめは、**分割した文章の文末を、おなじ言葉にしない**こと。次のコピーを読んでみてください。

> **文末がおなじ文章例①**
> コピーライティングでキャッチコピーはとても重要です。なぜなら、お客さまはキャッチコピーを見て、その広告を読むかどうかを決めるからです。レスポンスを得るには、一瞬でお客さまの注意を掴むキャッチコピーが必要です。

一文が短く分割されていますが、すべての文章が「す。」で終わっています。「です」「ます」のような「す」で終わる文章や「でした」「ました」のような「た」で終わる文章が連続すると、単調でメリハリのない文章になり、テンポよく読み進められません。文末をコントロールして、リズム感をアップさせましょう。下記の改正例はすべての文末が重ならないようにしていますが、長文になると難しいこともあるでしょう。その場合、文末がおなじ文章は連続2回までを目安、最大でも3回までにしましょう。

> **リズムアップした文章例①**
> コピーライティングで重要なのがキャッチコピー。なぜなら、お客さまはキャッチコピーを見て、広告を読むかどうかを決めるから。レスポンスを得るには、一瞬でお客さまの注意を掴むキャッチコピーが必要です。

続きを読ませる技術②
「小見出しを効果的に使う」

　小見出しとは、ボディコピーの文中に設ける見出しのこと。小見出しは、2つの役割を持ちます。

役割① 文章の圧迫感を減らす

　セールスコピーの文章量は多くなりがちですが、小見出しを入れることで適度にスペースが生まれます。その結果、見た目上の文章ビッシリ感が軽減され、読みやすそうな雰囲気が得られます。

役割② 飛ばし読みする人の注意をつかむ

　コピーを読むとき、まずは全体にサーッと目を通す人もたくさんいます。小見出しが良いと、全体をパッと見ただけで情報の価値が伝わり、飛ばし読みユーザーを広告本文へ誘導できます。小見出しをただの要約と考えてはいけません。**続きが気になる、ザイガニック効果の高い小見出しを用意**

しましょう。**小見出しは第2のキャッチコピー**です。

　先ほどの「ポチらせるキャッチコピー講座」に、小見出しを付けた例がこちらです。

どうして結果が出ないの？

がんばってホームページを作ったけど反応がない。リスティング広告にも出稿したのに、ライバル社のページも参考にしているのに、どうしてだろう…。あなたもこんな経験はありませんか？　不思議ですよね。お客さんが満足するサービスを提供しているはずなのに、他よりも自信があるのに、なぜ、問合せが増えないのでしょうか？

原因は、たった2～3行のコトバ

実は、最初の2～3行の言葉でお客さんの90％を逃しているかもしれません。つまり、ほとんどのお客さんが、がんばって作ったホームページを読んでいないのです。お客さんは最初に見る数行の言葉（キャッチコピー）で読むかどうかを決めています。時間にするとたったの数秒。読まれなければ商品の良さは伝わらないので売れません。でも、一発で読み手を掴むキャッチコピーがあれば、あなたのページはもっと読まれます。つまり、あなたのサービスの良さがしっかりと伝わり、問合せが増えるのです。

500人が成功した理由

「でもキャッチコピーってどうやって書けばいいの？」「文章は苦手」「何だか難しそう」と思われたかもしれませんが、ご安心ください。「ポチらせるキャッチコピー講座」では、すでに500人以上の方が、すばらしい結果を手にしています。1年間反応がゼロだった方でも、たった3ヶ月で毎日2～3件の問合せが得られるようになりました。まずは、売れるキャッチコピーの作り方が……（以下、略）

11
12
13
14
15
16
17
18
19
20

続きを読ませる技術③
「問いかける」

①と②の違いがわかりますか？

> ①　コピーライティングは重要です。

> ②　なぜ、コピーライティングが重要か？

①は普通の文章ですが、②は続きを読み進めたくなってしまう文章のはず。違いは、問いかけているかどうか。

ちなみに、このパートの出だし「①と②の違いがわかりますか？」もこの技術を使っています。**問いかけ表現は続きを読ませるうえで効果的**です。ただし、強引に増やすと読みにくくなるので、全体の流れを崩さないよう注意しましょう。

なぜ、人は酒を飲むのか？　　飲んべえには響くわね

お伝えした21の表現技術は、ボディコピーを書きながら使うものではありません。5ステップの構成に沿って書き進めたあと、ブラッシュアップで使用する技術です。
下記項目をブラッシュアップのチェックリストにしておけば、作業がはかどるでしょう。

説得力を高める9項目

・客観的な事実を語っているか？

・具体的に語っているか？

・読み手の確信に入り込んでいるか？

・証拠を見せているか？

・商品価値が高まる比較をしているか？

・理由は3つあるか？

・筋が通ったロジックか？（三段論法）

・一文に重複する言葉や似通った言葉はないか？

・欠点を活かせているか？

わかりやすさを高める９項目

・難しい言葉を使っていないか？
・読み手が使う言葉を使っているか？
・漢字は多すぎないか？
・一文が長すぎないか？
・視覚化できる情報はないか？
・イメージできるか？
・箇条書きで表現できないか？
・割引の価値が伝わっているか？
・チャートで表現できるか？

続きを読ませる３項目

・リズム感はあるか？
・続きが気になる小見出しはあるか？
・問いかけているか？

第15章

買う気がない客でも欲しくなる「ストーリーテリング」

ストーリーテリングとは？

　ボディコピー編の最後となるこの章では「ストーリーテリング」をお伝えします。「ストーリーテリング」は強力です。

> 特に、ターゲットタイプ③を狙うような売りにくい状況で、すばらしい効果を発揮します。

　第11章『「購入意欲が低い客」に有効なキャッチコピー10の表現法』では、ストーリーを語るキャッチコピーについてお伝えしました。

　今からお話しするストーリーテリングとは、キャッチコピーだけではなく、ボディコピーもストーリーにする手法です。コピーの最初から中盤まで、1つのストーリーを語りながら商品を案内します。

効果が高い3つの理由

　なぜ、ストーリーが効果的なのか？　キャッチコピー編でもお伝えしましたが、整理すると3つの理由が挙げられます。

●理由① ストーリーは読まれる

　私たちは、子どもの頃からストーリーを通して、喜怒哀楽の感情を満たしてきました。そして、多くのことを学んできました。大人になっても、マンガや小説、映画など、面白いストーリーを知るためにお金を払います。

　つまり、**私たち人間は、ストーリーが好きなのです。この習性は、「広告を読まない」を突破するのに役立ちます。**

●理由② 感情移入してもらえる

　人は、感情で行動する生き物と言われています。

　行動経済学や社会心理学などの実験で明らかにされていますが、人は、感情でものごとを決定し、それを理論で正当化する習性を持ちます。つまり、**セールスコピーでは、先に読み手の感情を動かさなければなりません**。

　本来ならばとても難しいことですが、ストーリーは読み手の喜怒哀楽を刺激し、感情移入させるパワーを持ちます。

●理由③ 記憶に残りやすい

　「恥ずかしい」という英単語を思い出せますか？　円錐の体積を求める公式を思い出せますか？　ベトナムの首都を思い出せますか？　これらは10代で学ぶことですが、年を重ねるほど思い出せなくなるものです。

　でも、幼少期に聞いた「桃太郎」は、すぐに思い出せますよね。情報量は桃太郎の方が圧倒的に多いのに、あなたは絵本を読むことなく桃太郎を語れるはず。

　ストーリーは記憶に残りやすいのです。古今東西、大切な教えがストーリーで伝承されているのは、このような理由があるからです。

商品が欲しくなるストーリー「３つの条件」

　ストーリーテリングは効果的です。

　しかし、ストーリーならば何でも良いというわけではありません。セールスコピーの目的は、お客さんに買ってもらうこと、申込んでもらうこと。つまり、**商品が欲しくなるストーリーを書く必要があります**。

　そのためには、次の３つの条件を満たしたストーリーが必要です。

●条件① ターゲットが共感できる主人公

「私と似ているかも」「私よりひどくない?」「私もこうなりたい!」読み手が主人公にこのような感情を抱かなければ、ストーリーは最後まで読まれません。

また、感情移入してもらうのも難しくなります。ストーリーテリングは、**ターゲットが共感できる主人公を設定**しましょう。

●条件② V字型のストーリー展開

主人公が困難を乗り越え、成功を掴むV字型のストーリーを語りましょう。第11章でもお伝えしましたが、**V字型のストーリーは人を夢中にさせ、感情を動かします。**

あなたが好きなマンガやドラマ、映画を思い出してください。その多くがV字型で構成されていることに気づくでしょう。

V字型ストーリーは、人を夢中にする

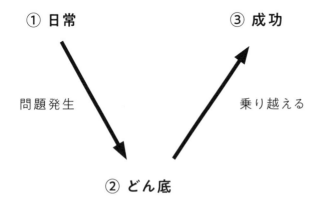

① 日常　　　　　　③ 成功

問題発生　　　　　　乗り越える

② どん底

●条件③ ストーリーとセールスが美しくつながる構成

セールスコピーである以上、必ずどこかでセールスしなければなりません。**ストーリーからセールスに移る流れがダメだと、読み手は夢から覚めたように広告から離れていきます**。

ストーリーとセールスが美しくつながった構成が求められます。

売れるストーリーの構成

読み手を引き込むストーリーを語り、美しくセールスへつなげるには、どうすればよいのか？ 第13章でお伝えした5ステップの構成とおなじく、ストーリーテリングにも語る順序（構成）があります。

ストーリーテリングの構成
① キャッチコピー（第11章）
② リードコピー（第12章）
③ 日常からどん底へ
④ どん底で経験したこと
⑤ 成功を掴む
⑥ 成功の秘訣を公開
⑦ ベネフィット
⑧ クロージング

本章

---

①のキャッチコピーについては第11章、②のリードコピーについては第12章でお伝えした内容を実践すれば問題ありません。

今から③〜⑧の内容について詳しく解説します。

Part③ 日常からどん底へ

① キャッチコピー（第11章）
② リードコピー（第12章）
③ <u>日常からどん底へ</u>
④ どん底で経験したこと
⑤ 成功を掴む
⑥ 成功の秘訣を公開
⑦ ベネフィット
⑧ クロージング

V字型の図で見ると、①から②へ向かう内容

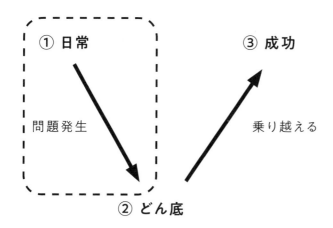

何をどの順序で語るかは次のとおりです。

> **「どん底で経験したこと」の3ステップ**
> ステップ① 日常
> ステップ② どん底に陥るきっかけ
> ステップ③ どん底スタート

　私が過去に書いたコピーを少しアレンジした例文を見てみましょう。学習塾経営コンサルタントを売るためのストーリーテリングです。

ステップ① 日常
1995年のお話です。大手損保会社から脱サラしてFC塾を開業した○○さん。これからはじまる新たな人生に期待をふくらませていました。しかし…

ステップ② どん底に陥るきっかけ
「さあこれからだ！」というタイミングで、阪神・淡路大震災に見舞われます。親から相続した建物のすべてが震災で壊滅寸前となり、一夜にして莫大な借金を抱えることになりました。

ステップ③ どん底スタート
「こんなことなら脱サラなんてするんじゃなかった」悔やんでも悔やみきれませんが、すでに学習塾はオープンし、生徒が数名集まっています。前に進むしかありません。

　このパートでは、日常を語ることが欠かせません。その理由は、ステップ②以降のどん底がより鮮明になり、読み手が感情移入しやすくなるから。**どん底に陥るきっかけは、なるべく詳しく語りましょう。生々しい話が、読み手をストーリーへ引き込みます**。

Part④ **どん底で経験したこと**

① キャッチコピー（第11章）
② リードコピー（第12章）
③ 日常からどん底へ
④ どん底で経験したこと
⑤ 成功を掴む
⑥ 成功の秘訣を公開
⑦ ベネフィット
⑧ クロージング

V字型の図で見ると、②を詳細に語るパート

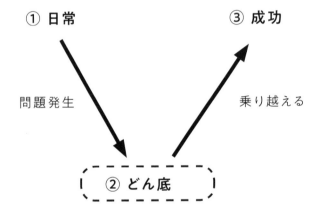

どん底時代に経験した苦痛、苦労、不幸を詳しく語りましょう。ポイントは**主人公を徹底的に落とす**こと。どん底時代を生々しく語れば語るほど、読み手は感情移入しながら読み進めてくれます。

　また、どん底時代がひどいほど、次に語る成功がより輝きます。例文を見てみましょう。

・どん底で経験したこと

「ゲームのように人生をリセットできれば」そんなことを何度も考えました。街ですれ違う人たちが、とてもまぶしく見えます。

借金を返すためだけに働き続ける日々…。

子どもに誕生日プレゼントさえ買ってあげられない…。

さらに悲惨なできごとが彼を襲います。1つの教室だけでは借金返済が間に合わないため、彼はFC本部に言われるがまま、もう1つの教室を新たに開校しました。

しかし、チラシを10万枚配布しても生徒は集まりません。返せない借金が増えただけです。「もうダメだ」身も心もボロボロだった○○さん。

このとき、その後の成功を、誰が想像できたでしょうか?

11
12
13
14
15
16
17
18
19
20

お酒をしこたま飲んだある日、
カラオケ店の階段で転び、
耳が半分ちぎれました……

リアルね〜

Part⑤ 成功を掴む

① キャッチコピー（第 11 章）
② リードコピー（第 12 章）
③ 日常からどん底へ
④ どん底で経験したこと
⑤ 成功を掴む
⑥ 成功の秘訣を公開
⑦ ベネフィット
⑧ クロージング

V字型の図で見ると、③を語るパート

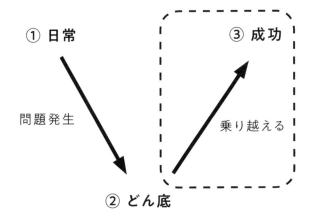

① 日常

問題発生

③ 成功

乗り越える

② どん底

　このパートでは、劇的な成功を掴んだことを語ります。**成功した過程ではなく成功した結果を語ってください**。成功して手に入れたベネフィットを具体的に語るのです。

　最後の一文は、「なぜ成功したのか？」というニュアンスで締めくくります。例文を見てみましょう。

・成功を掴む

彼は今でも借金の返済に悩んでいるのか？

答えはNO。借金は1円も残っていません。それどころか、彼は会社員時代の3倍の年収を稼ぐようになりました。塾の経営は絶好調で、10年以上も空席待ちの状態が続いています。

さらに、長年の夢であった教育関連の書籍を出版することにも成功しました。すでに10冊以上の本を出版しているため、印税だけで最低限の生活費はまかなえます。

なぜ、彼は、絶体絶命の状態を抜け出し、夢を叶えたのか？

　どん底と成功の差は、大きい方が読み手を引き込みます。また、ストーリーテリングでは、成功した理由を商品に紐づけるため、**どん底と成功の差は、商品価値の裏付けにもなります**。このパートでは、成功が魅力的に伝わるよう、手に入れた結果やベネフィットを具体的に語りましょう。

　V字型のストーリーは③〜⑤で完結します。

V字型のストーリーは③〜⑤で解決

① キャッチコピー

② リードコピー

③ **日常からどん底へ**

④ **どん底で経験したこと**

⑤ **成功を掴む**

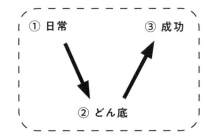

◉⑤までは、商品を語らない

ここで、注意点があります。**⑤が終わるまで、商品を語ってはいけません**。①〜⑤の目的は、V字型のストーリーで感情移入してもらい、商品に高い興味を持つ状態へ導くこと。どん底から成功を掴んだ理由として、⑥以降で商品案内がスタートします。

---

⑤と⑥をスムーズにつなげるには？

① キャッチコピー

② リードコピー

③ 日常からどん底へ

④ どん底で経験したこと

⑤ 成功を掴む

⑥ 成功の秘訣を公開 ⑤の最後を「なぜ、成功したのか？」というニュアンスで終了させる

⑦ ベネフィット

⑧ クロージング

商品案内をするのは⑥から

① キャッチコピー

② リードコピー

③ 日常からどん底へ

④ どん底で経験したこと

⑤ 成功を掴む

⑥ 成功の秘訣を公開

⑦ ベネフィット どん底から成功を掴んだ理由として、⑥以降で商品案内がスタート

⑧ クロージング

Part⑥ 成功の秘訣を公開

① キャッチコピー（第11章）
② リードコピー（第12章）
③ 日常からどん底へ
④ どん底で経験したこと
⑤ 成功を掴む
⑥ 成功の秘訣を公開
⑦ ベネフィット
⑧ クロージング

11
12
13
14
15
16
17
18
19
20

　ここでは、**主人公が成功した理由として、商品の案内**をしていきます。次の構成で文章を組み立ててください。

「成功の秘訣を公開」の3ステップ
① 成功した理由はこの商品を使ったから
② その商品が効果的な理由
③ 他の商品や方法よりも優れている理由や証拠

例文を見てみましょう。

彼が立ち直れたのは
二日酔いに効く
しじみのみそ汁のおかげだった……

つながってる
つながってる

① 成功した理由は商品を使ったから

彼が成功したのは、ポジショニング戦略を学習塾経営に活かしたから。わかりやすく言うと、専門特化して他塾との圧倒的な差別化に成功したのです。

彼の塾は「数学専門塾」として、地元では知らない人がいないほど有名になりました。

② その商品が効果的な理由

学習塾のように競合が多いビジネスでは、他との違いを打ちだすことが何よりも重要です。違いがわからない小さな塾は、コスパも実績も強力な大手塾に勝てません。他がマネできないような差別化を図り、その分野でナンバーワンを目指すのが近道。

「○○といえばあの塾が一番だよね」と近隣の方々からクチコミされる状態になれば、放っておいても欲求の高いターゲットが集まります。

③ 他の商品や方法よりも優れている理由

「それって難しいよね」と思われたかもしれませんが、ご安心ください。

学習塾の経営ノウハウは数多くのものが存在しますが、○○さんが実践した方法は、資金や人材など、リソースに限りがある小さな学習塾だからこそ取り組める内容です。

実際、○○さんは現在、学習塾経営コンサルタントとしても活躍しており、すでに300軒の学習塾が、クチコミによる集客に成功しています。

（お客さんの感想文を掲載）

Part⑦⑧ ベネフィットとクロージング

　コピー終盤のベネフィットとクロージングは、第13章の5ステップでお伝えした考え方とおなじです。たくさんのベネフィットを魅力的に語った後、今すぐレスポンスしてもらえるコピーを書いてください。例文を見てみましょう。

・ベネフィット

他塾がマネできない差別化に成功すれば…

☑ もう生徒募集に悩まない

☑ クチコミや紹介で生徒が増え、大量のチラシが不要になる

☑ 欲しい生徒に来てもらえる

☑ 他塾に生徒を奪われる心配がなくなる

☑ 家庭学習アプリが流行っても、生徒が途絶えることはない

☑ 専門分野で唯一無二の存在になれば、講演や出版の依頼がくる

☑ 「ここで働きたい」と言ってくれる優秀な講師を雇用できる

・クロージング

○○さんのコンサルティングですが、現在先着30名様に限り無料でお試しいただけます。通常1時間あたり5万円のコンサルティング料が必要になるので、この機会を逃すのは損でしかありません。

コンサル形式は対面でも、オンラインでもOKです。無料コンサルを受けたからといって、正式に申込む義務はありません。

すでに8名からご予約をいただいておりますので、お申込みはお急ぎください。

ストーリーテリング①〜⑧の例

　ここで、例文をすべてつなげたコピーをお見せします。より実践的な例文にするため、小見出しも付けています。本文では紙面の都合上、行替えをしていませんが、実際に作成するときは、適宜行ってください。

「こんなはずじゃなかった…」

1995年のお話です。大手損保会社から脱サラしてFC塾を開業した○○さん。これからはじまる新たな人生に期待をふくらませていました。しかし、「さあこれからだ！」というタイミングで、阪神・淡路大震災に見舞われます。親から相続した建物のすべてが震災で壊滅寸前となり、一夜にして莫大な借金を抱えることになりました。「こんなことなら脱サラなんてするんじゃなかった」悔やんでも悔やみきれませんが、すでに学習塾はオープンし、生徒が数名集まっています。前に進むしかありません。

終わりがみえない借金地獄

「ゲームのように人生をリセットできれば」そんなことを何度も考えました。街ですれ違う人たちが、とてもまぶしく見えます。借金を返すためだけに働き続ける日々…。子どもに誕生日プレゼントさえ買ってあげられない…。さらに悲惨なできごとが彼を襲います。1つの教室だけでは借金返済が間に合わないため、彼はFC本部に言われるがまま、もう1つの教室を新たに開校しました。しかし、チラシを10万枚配布しても生徒は集まりません。返せない借金が増えただけです。「もうダメだ」身も心もボロボロだった○○さん。その後の成功を、誰が想像できたでしょうか？

年収3倍、書籍出版

彼は今でも借金の返済に悩んでいるのか？　答えはNO。借金は1円も残っていません。それどころか、彼は会社員時代の3倍の年収を稼ぐようになりました。塾の経営は絶好調で、10年以上も空席待ちの状態が続いています。さらに、長年の夢であった教育関連の書籍を出版することにも成功しました。すでに10冊以上の本を出版しているため、印税だけで最低限の生活費はまかなえます。なぜ、彼は、絶体絶命の状態を抜け出し、夢を叶えたのか？

地元で有名な塾になった方法

彼が成功したのは、ポジショニング戦略を学習塾経営に活かしたから。わかりやすく言うと、専門特化して他塾との圧倒的な差別化に成功したのです。彼の塾は「数学専門塾」として、地元では知らない人がいないほど有名になりました。

なぜ、クチコミで生徒が増え続けるのか？

学習塾のように競合が多いビジネスでは、他との違いを打ちだすことが何よりも重要です。違いがわからない小さな塾は、コスパも実績も強力な大手塾に勝てません。他がマネできないような差別化を図り、その分野でナンバーワンを目指すのが近道。「○○といえばあの塾が一番だよね」と近隣の方々からクチコミされる状態になれば、放っておいても欲求の高いターゲットが集まります。

小さな塾300軒で実証済み

「それって難しいよね」と思われたかもしれませんが、ご安心ください。学習塾の経営ノウハウは数多くのものが存在しますが、○○さんが実践

した方法は、資金や人材など、リソースに限りがある小さな学習塾だからこそ取り組める内容です。実際、○○さんは現在、学習塾経営コンサルタントとしても活躍しておりますが、すでに 300 軒の学習塾が、クチコミによる集客に成功しています。

※お客さんの感想文を掲載

こんな結果に興味はありますか？

他塾がマネできない差別化に成功すれば…
☑ もう生徒募集に悩まない
☑ クチコミや紹介で生徒が増え、大量のチラシが不要になる
☑ 欲しい生徒に来てもらえる
☑ 他塾に生徒を奪われる心配がなくなる
☑ 家庭学習アプリが流行っても、生徒が途絶えることはない
☑ 専門分野で唯一無二の存在になれば、講演や出版の依頼がくる
☑ 「ここで働きたい」と言ってくれる優秀な講師を雇用できる

先着 30 名様は無料

○○さんのコンサルティングですが、現在先着 30 名様に限り無料でお試しいただけます。通常 1 時間あたり 5 万円のコンサルティング料が必要になるので、この機会を逃すのは損でしかありません。コンサル形式は対面でも、オンラインでも OK です。無料コンサルを受けたからといって、正式に申込む義務はありません。すでに 8 名からご予約をいただいておりますので、お申込みはお急ぎください。

「商品開発秘話」もストーリーテリングの1つ

通販広告を読むと、商品開発の苦労話が書かれていることが多いですよね。これもストーリーテリングの技術の1つ。商品価値を高めるためにストーリーを語っているのです。

5ステップのボディコピー構成でいうと、ステップ③で商品開発秘話が語られます。

---

③で「商品開発秘話」が語られる
ステップ① 読み手との共感
ステップ② 問題提起と解決条件の提案
ステップ③ 具体的な解決策の提案 ⇒ **商品開発秘話**
ステップ④ ベネフィットの訴求
ステップ⑤ クロージング

商品開発秘話の構成は、下記の3ステップで考えましょう。

「商品開発秘話」の3ステップ
ステップ① 開発するきっかけ（どのような使命感を持ったのか？）
ステップ② 苦難の道のり
　　　　　（どのような壁を乗り越えて開発したのか？）
ステップ③ 成功（苦労の末、ようやく完成したのがこの商品）

私が過去に書いたコピーを少しアレンジした例文を見てみましょう。ボディクリームの商品開発秘話です。

・ステップ① 開発するきっかけ（どのような使命感を持ったのか？）

「お客さまをもっとキレイにしたい」という想いを持つ私たちは、ハリウッド女優など世界中のセレブが愛用するエミューオイルに目を付けました。

使ってみると、お肌が気になる女性にとってすばらしい商品ですが、どうしても避けられない問題がありました。それは「獣臭」です。外で飼われている犬のような臭いがあり、顔に塗るのはかなりキツイ…。これだと、お客さまは満足できません。

・ステップ② 苦難の道のり（どのような壁を乗り越えて開発したのか？）

「獣臭」を消し、心地よい香りに変えるにはどうすればよいのか？

香りの良さを目指しながら、ボディケアの品質を高めるにはどうすればよいのか？

なるべく原価を落としながら、もっと良いクオリティを実現できないか？

スタッフ一丸となって、この問題解決に取り組み続けました。サンプル品が届いては、改善点を探し続ける毎日。思うようにいかないことも多く、何度も悔し涙を流しました。

・ステップ③ 成功（苦労の末、ようやく完成したのがこの商品）

「これ以上開発コストがかかるなら中止だ」と社長に言われました。そうして迎えた78回目の試作品。最後のチャンスになるかもしれません。しかし、テスターの反応を見て私たちは確信します。さわやかな柑橘系の香りがするエミューオイル○○が、ついに完成したのです。

W型のストーリーテリング

これまでお伝えしたストーリー構成はV字型でしたが、W型の構成も存在します。

④は②よりも大きな失敗であることがポイント

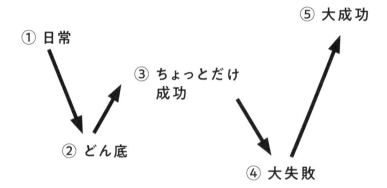

③の「ちょっとだけ成功」と、④の「大失敗」がV字型にはない要素です。W型のストーリー構成で重要なのは④です。②のどん底体験以上に、絶望的な状況へ陥ったことを具体的に語りましょう。

V字型とW型ですが、どちらを使ってもレスポンスは変わらないので、ストーリーネタにあわせて使いわけてください。

ストーリーテリングでもっとも重要なこと

　ここまでストーリーテリングの技術をお伝えしてきましたが、必ず守っていただきたいことがあります。

　それは、**ウソのストーリーを書かない**こと。ストーリーテリングは強力な手法のため、ありもしない作り話を書いてしまう方がいますが、これは完全なルール違反。絶対にやってはならないことです。

　事実を魅力的に語り、セールスへつなげる手法がストーリーテリングです。V字型のネタがなければ、ストーリーテリングをあきらめて、通常のボディコピーを書きましょう。

> ただもし、V字型のネタがあるならば、
> ストーリーテリングは絶対に使うべき強力な手法です。

みごと二日酔いを克服した彼は
コピーライターを目指すのだった

あんたの自伝だったんかい

ストーリーテリングとは？ ················

・キャッチコピーだけではなく、
　ボディコピーもストーリーにする手法
・ストーリーテリングの効果は強力
・購入意欲が低いターゲットタイプ③で特に有効

効果が高い３つの理由 ················

① ストーリーは読まれる
② 感情移入してもらえる
③ 記憶に残りやすい

商品が欲しくなるストーリー３つの条件 ················

① ターゲットが共感できる主人公
② V字型のストーリー展開
③ ストーリーとセールスが美しくつながる構成

V字型のストーリーテリング ················

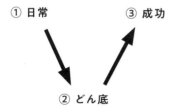

① 日常　　③ 成功

② どん底

売れるストーリーの構成

① キャッチコピー

② リードコピー

③ 日常からどん底へ

④ どん底で経験したこと

⑤ 成功を掴む

⑥ 成功の秘訣を公開

⑦ ベネフィット

⑧ クロージング

W型のストーリーテリング

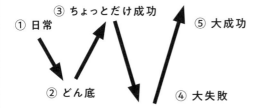

商品開発秘話の構成

ステップ① 開発するきっかけ（どのような使命感を持ったのか？）

ステップ② 苦難の道のり

　　　　　（どのような壁を乗り越えて開発したのか？）

ステップ③ 成功（苦労の末、ようやく完成したのがこの商品）

ウソのストーリーはダメ

・事実を魅力的に語るのがストーリーテリング

・V字型ネタがないと使えないが、もしあれば絶対に使うべき手法

第 16 章

たった一言で
レスポンス倍増!
「売れるオファー」の
作り方

小さなピザ屋を
世界的企業に育てたオファーとは？

その昔、アメリカに小さなピザチェーン店がありました。どこにでもありそうなピザチェーン店です。

しかし、そのピザチェーン店は、瞬く間に全世界で15,000店舗を展開する巨大企業へ成長します。その企業とは、日本でもおなじみの「ドミノ・ピザ」。

創業者のトム・モナハンは、ドミノ・ピザの成長を語るうえで、あるオファーが欠かせなかったと言います。それは「30分以内にアツアツのピザが届かなければ無料」というオファー。

この約束は当時、どこのデリバリーピザ屋もやっていないオファーで、世間の注目を集めました。裁判が原因でこのオファーは姿を消すことになりましたが、今でも多くの人々の記憶に残る強烈なオファーです。

強烈なオファーは、広告のレスポンスどころか
ビジネスそのものを急成長させることがあります。

日本だと、ライザップの「効果が実感できなければ全額返金」が記憶に新しい例でしょう。

これまで幾度となくオファーという言葉を使ってきましたが、この章では、売れるオファーの作り方について詳しく解説いたします。

これでオファーを完全理解

オファーとは「お客さんへ約束する魅力的な取引条件」のことです。商品価格や特典、保証、サポートなど、いろんなオファーが存在します。

オファーの例

・お持ち帰りでピザ2枚目が無料

・CDを買えばアイドルとの握手券をプレゼント

・パソコンを買ったら 9,800 円相当のプリンターをプレゼント

・どこにお住まいでも 24 時間以内に商品をお届け

・満足できなければ理由を問わず全額返金

・30 日間無料でお試しいただけます

・靴下を2足買ったら3足目は無料

・遊園地の年間パスポート

・月 800 円で人気の映画が見放題

訴求とキャッチコピー、オファーの違いに混乱する方が多いので、一度整理しておきます。

訴求・キャッチコピー・オファーの違い

・訴求とは？

売れる提案のこと。キャッチコピーやボディコピーなど、すべてのコピーは、この訴求を魅力的に伝えるために存在する。「誰に何を言うか？」で考える。

・キャッチコピーとは？

訴求を魅力的に表現する短い言葉。目的は読み手の注意を一発で掴み、続きを読む気にさせること。

・オファーとは？

魅力的な取引条件のこと。ターゲットタイプ①と②では、訴求やキャッチコピーにオファーが入ることもある。

オファーは、非常に重要。オファーを見直すだけで、広告のレスポンスが飛躍的に伸びるケースはめずらしくありません。**ターゲットタイプ①と②の訴求を考えるとき、オファーは徹底して考えたい要素の１つ**です。

オファーでレスポンスが激変した7つの事例

オファーは、資金に余裕のある大手企業だけに許された戦略ではありません。たとえば、弊社が経験した事例では、オファーの変更でこのような差がでました。すべて中小企業の事例です。

事例①

反応が悪かったセミナー集客の広告で「ドタキャン保証」を追加。
すぐに満席。

事例②

ほとんど売れなかった、整骨院向けの治療機器（1台70万円）。
１週間無料のお試しオファーで販売すると申込み増加。

事例③

無料の体験授業を案内して反応が得られなかった学習塾チラシ。
体験授業を500円オファーにすると申込み殺到。

事例④

「ゴルフシャフト」の通販広告。度重なるシャフト調節が求められるので、そもそも通販では売るのが難しい商品。
スゴ腕クラフトマンのリシャフト無料オファー、90日以内なら何度でもリシャフト無料オファーを用意することで、8万円の商品が数日で完売。

事例⑤

60日間返金保証を付けていたセミナーDVD。

返金時の振込手数料735円を0円にすると、成約率が2倍になる。

事例⑥

見込客のメールリスト集客をするためのランディングページ。

メール講座の無料オファーから、動画セミナーの無料オファーに変更するとレスポンスが大幅アップ。

事例⑦

餃子の通販広告。

購入者へ「○月○日までに餃子を追加注文したら1年間送料無料」のオファーを案内して、リピート購入増加。

中小企業でもオファーでレスポンス率は劇的に上がる（左から体験授業を「無料→500円」にした学習塾、期限付きで追加注文の送料を無料にした餃子通販、返金時の振込手数料を735円から0円にしたセミナーDVD）

売れるオファー6つのタイプ

　オファー作りのコツは、すでに存在しているオファーのアイデアを活用することです。0から1を生み出すのではありません。**世の中にあるオファーを改良する、また組み合わせることで良いオファーを生みだせます**。

　まずは、オファーについて6つのタイプを知っておきましょう。それぞれ解説します。

売れるオファー6つのタイプ
① 価格オファー
② リスクリバーサル
③ 特典オファー
④ 無料オファー
⑤ 時短オファー
⑥ 利便性オファー

◉① 価格オファー

　わかりやすくいえば「割引」のこと。料金を安くするキャンペーンやクーポンなどのシンプルなものから、「他店より1円でも高ければさらに値引き」「お菓子詰め放題500円」のような、ひとひねり加えたオファーまであります。

◉② リスクリバーサル

　購入後に考えられるリスクや不安を取り除く約束のこと。「満足できなければ全額返金」のような返金保証が一般的ですが、海外ホテルの「日本人スタッフが対応します」もリスクリバーサルの1つです。

◉③ 特典オファー

お客さんが喜ぶものをプレゼントするオファーです。「パソコン購入で
プリンターをプレゼント」などのシンプルなものから、「60秒以内にお渡
しできなければ、バーガー無料券をプレゼント」のような、ひとひねり加
えたオファーまであります。ポイントカードも特典オファーになります。

◉④ 無料オファー

有料のものを無料で提供するオファーです。有料品をお試しとして無料
提供するオファー、商品を無料提供し、気に入れば代金を後から支払って
もらうオファー、見込客を獲得するために無料のコンテンツを提供するオ
ファーなど、さまざまなものがあります。

◉⑤ 時短オファー

サービスの圧倒的なスピードを約束するオファーです。「翌日配送」や「見
積り30秒」、「24時間以内に修理スタッフ派遣」など、いろんなオファー
がありますが、早ければ早いほど助かるケースで大きな効果を発揮します。

◉⑥ 利便性オファー

お客さんの面倒な手間を売り手が負担するオファーです。「中古車の出
張査定」や「中古本の出張買い取り」、「保険の一括見積り」など、お客さ
んがこれまで面倒に感じていたことを、売り手が負担します。
「コンビニ併設」のように、立地の利便性を訴求するオファーや、「手ぶ
らでBBQ」のように、お客さんにとって斬新な利便性を訴求するオファー
もあります。

世の中にあるオファーの多くが、この6つのタイプのいずれかにあてはまります。オファー作りは、引き出しの多さが重要です。何かの広告を見て「このオファーはおもしろい！」と感じたらメモをとっておきましょう。

どんどん作ろう！
売れるオファーのミックスタイプ

先ほどお伝えした「売れるオファー6つのタイプ」ですが、それぞれのタイプをミックスして使うこともできます。

オファーのミックスタイプ例

・30分以内にピザをお届けできなければ、代金はいただきません
（時短オファー＋リスクリバーサル）

・通話料が3ヶ月無料！　さらにiPadをプレゼント！
（無料オファー＋特典オファー）

・今なら半額！　さらに30日間の返金保証付き！
（価格オファー＋リスクリバーサル）

・所要時間約10分。1,000円でヘアカットできます
（時短オファー＋価格オファー）

・月額1,500円でDVDが借り放題！　ご自宅にお届けします
（価格オファー＋利便性オファー）

オファーを考えたら、さらに別のタイプを追加できるかを考えてみてください。組合せによっては、他にはない強烈なオファーが生まれます。

たとえば、ドミノ・ピザの「30分以内にピザをお届けできなければ、代金はいただきません」というオファーですが、「30分以内にお届けします」だけでは、たいして効果は得られなかったでしょう。

30分以内にピザをお届けできなければ、
iPadをプレゼント……

思い切ったわね〜

「失敗するオファー」5つのタイプ

オファーはお得感だけがあれば良いのではありません。たとえば、こんなオファーだと失敗する可能性が大きいのでご注意ください。それぞれ解説します。

失敗するオファー5つのタイプ
① 他社と似たようなオファー
② 価格競争のオファー
③ 価値が低いオファー
④ わかりにくいオファー
⑤ ハードルが高いオファー

◉① 他社と似たようなオファー

「ライバル社が送料無料だから、当店も送料無料にしよう」という考え方は、正しくもあり間違いでもあります。他社がやっていることは最低限満たすべきですが、それではライバルの背中を追いかけているだけ。お客さんから「そんなの当然でしょ？」と思われるだけです。

多くから選ばれるには、他よりも優れたオファーが必要です。

◉② 価格競争のオファー

低価格でも収益が得られるモデルならば、このオファーは有効です。しかし、さらに低価格の商品が参入してきたら、どうなるでしょう？ 待っているのは、牛丼屋のような泥沼の価格競争。利益が浅くなるだけで賢い

戦略とはいえません。また、**商品によっては、値下げしすぎると「安かろう、悪かろう」と思われるケースもあるので要注意**。

◉③ 価値が低いオファー

「見積り無料」「相談無料」「査定無料」のようなオファーを見ますが、これはお客さんにとってあたりまえのことであり、何の価値も感じられません。また、企業のロゴが印刷されているマウスパッドをプレゼントされても、年末に捨てるゴミが増えるだけ。オファーは、**お客さんが高い価値を感じられるものにしましょう**。

◉④ わかりにくいオファー

オファーは、わかりやすさが命。短い言葉で表現して「なるほど！ それはスゴい！」と思ってもらえるオファーでなければ、反応は得られません。「どういうこと？」「もう1回説明してほしい」と言われるようなオファーはダメです。

◉⑤ ハードルが高いオファー

飲食店のポイントカードで、スタンプが20個たまると500円引きというオファーがあったとします。こういったポイントカードの多くが、財布の中身を整理するときに捨てられます。

しかし、すでにスタンプが15個押されているポイントカードが渡されたらどうでしょう？ あなたは、近いうちにそのお店へ足を運ぶはず。

このように、**ハードルの高いオファーは、面倒に思われるだけです**。

「成功するオファー」の3条件

失敗するオファーに特徴があるように、成功するオファーにも特徴があります。それぞれについて解説します。

成功するオファーの3条件
① 大胆で、ありえないオファー
② その業界で初めてのオファー
③ 客の欲求を満たし、悩みや不安を消すオファー

◉① 大胆で、ありえないオファー

お客さんから「そこまでやって大丈夫なの?」「売り手が損するのでは?」と心配されるようなオファーのことです。

もちろん、本当に損をしてはいけません。「他店より1円でも高ければ値引きします」など大胆なオファーを大型家電ショップで見かけます。あれも、**損どころか利益になるからこそ、あのオファーをやり続けている**のです。激しくお得に見えるサブスクリプション型のサービスもおなじです。

◉② その業界で初めてのオファー

通販業界ではあたりまえの「返金保証」。2009年、あるファーストフード企業が、このオファーをとりいれて話題になりました。それは、ロッテリアの「おいしくなければ返金する絶妙バーガー」。

他業界ではあたりまえのオファーも、土俵を変えれば世間が一瞬で注目してしまうオファーに化けてしまいます。日ごろから、他業界のオファーにも注目しておきましょう。

◉③ 客の欲求を満たし、悩みや不安を消すオファー

　お客さんの欲求や悩み、不安を理解しておかなければ優れたオファーは作れません。

　たとえば、繁華街で居酒屋を経営していたとします。お客さんが少ないときには「ビール半額」と書いた看板を置くだけでは足りません。「ビール半額。すぐにご案内できます」といった、時短オファーを追加しましょう。さらに効果が期待できるはずです。これは「どこでもいいから早く、手軽な価格のビールを飲みたい！」というお客さんの欲求を満たす強力なオファーだからです。

　オファーを聞いたお客さんが「おお！　それなら欲しい！」と明るい表情になるオファーを考えましょう。

かんだ瞬間
お口の中がパラダイスになる
熱々のカラアゲも半額……

キンキンに冷えた
ハイボールも半額にして〜

オファーとは？

・お客さんへ約束する魅力的な取引条件
・すばらしいオファーは、ビジネスそのものを急成長させる

売れるオファー6つのタイプ

① 価格オファー
② リスクリバーサル
③ 特典オファー
④ 無料オファー
⑤ 時短オファー
⑥ 利便性オファー

※各タイプはミックスして使える

失敗するオファー5つのタイプ

① 他社と似たようなオファー
② 価格競争のオファー
③ 価値が低いオファー
④ わかりにくいオファー
⑤ ハードルが高いオファー

成功するオファーの３条件 ··································

① 大胆でありえないオファー

② その業界で初めてのオファー

③ 客の欲求を満たし、悩みや不安を消すオファー

オファー作り最大のポイント ·······························

・競合のオファーは必ずリサーチ（彼らとの差が必要だから）

・すでにあるオファーを改良する、また組み合わせて作る

・短い言葉で表現しても、その価値がしっかり伝わる

・お客さんが「おお！　それなら欲しい！」と明るい表情になる

ニンニクたっぷしの
鉄板餃子も半額······

行くっきゃないわね

オファーで10倍売れた話

オファーは、一夜にして広告のレスポンスを激変させることがあります。

たとえば、弊社オンラインサロンのメンバーには、キャッチコピーでオファーを語り、大成功した方がいます。Hさんは「ぬか玄米カイロ」という商品を、ネットで販売していました。当初は、それほど売れていなかったようです。

しかし、返金保証を新たに加え、それをキャッチコピーで語ると、その日のうちに売上が伸びはじめます。そして、1ヶ月の販売数が、前年同月比で10倍になりました。

返金保証を語った4行程度のキャッチコピーで、10倍売れるようになったわけですから、オファーの効果を思い知らされますよね。

※その時に使用したキャッチコピーはコレ↓↓

ぬか玄米カイロってどんな匂い？　使い心地？
使ってみないとわからない！　返品完全無料キャンペーン10/31まで
合わなかったら返品可
さらに、返品時の送料も無料
寒い夜にすーっと眠りにつけるこの心地よさ、一度体験してみてください

Hさんからその後の話を聞くと、実際に返金依頼があったのは、たった1件とのこと。つまり、返金保証を付けることで、手元に残る利益も大きく伸ばせたのです。

多くの方が**「返金が多かったらどうしよう…」と悩み、返金保証を避けますが、本当にもったいない。商品やサポートがしっかりしていれば、得する方が多い**のです。

第**17**章

科学的に
売れるコピーを導く
「広告テスト法」

セールスコピーは科学

　セールスコピーの仕事は、売れる文章を考えるだけではありません。売れるコピーを探し当てる仕事も重要です。広告の神様と呼ばれる「クロード・C・ホプキンス」も言うように、広告は科学。

> 正しく広告テストに取り組むことで、
> より売れるコピーへたどり着けます。

　広告テストの歴史は古く、インターネットが普及する前からDMやチラシなどの紙媒体で行われてきました。現在、WEB広告はリアルタイムで効果測定でき、すぐにクリエイティブが変更できます。**広告テストの役割は、さらに大きくなった**と言えるでしょう。

◉テストをしない広告はギャンブル

　私が過去に経験した案件の中に、キャッチコピーAの成約率が8％で、キャッチコピーBの成約率が22％になった広告がありました。

　もし、広告テストをやらずにキャッチコピーAだけで広告を1年間出し続けたら、どれほど損をしたでしょうか？

　広告を見る人が10万人になったら、購入者数8,000人と22,000人の違いになり、収益差は甚大です。**勘や予測だけに頼ったコピーライティングは、臨床試験をやっていない新薬を飲むぐらい危険**。どれだけ優秀なコピーライターでも、結果を知るまで成否はわかりません。

　正解を教えてくれるのは、お客さんの反応だけです。

◉正しい方法でテストをする

　広告テストは、やみくもに実施しても意味はありません。むしろ、正し

い方法で広告テストに取り組まなければ余計な混乱を招き、施策が間違えた方向へ進んでしまうこともあります。

この章では、広告テストの正しい方法について解説します。

1年後に売上がひとケタ変わる「広告テスト」とは？

広告テストの基本的な考え方は次のとおりです。

広告テストの基本的な4つの考え方
- クリエイティブが異なる複数の広告を制作
- それら複数の広告を同条件で露出
- 効果計測でレスポンスの良いクリエイティブを判断
- テスト結果に基づきクリエイティブを改善

注意点は、**たった1回の広告テストで終わらせない**こと。何度もテストを繰り返して、レスポンスの良い広告を完成させていきます。広告テストでは「PDCA」が前提です。

広告テストは単発で終わらせてはいけない

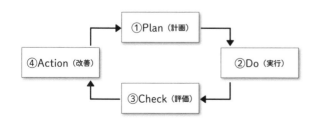

① Plan（計画）…クリエイティブが異なる複数の広告を制作
② Do（実行）…それら複数の広告を同条件で露出
③ Check（評価）…効果計測でレスポンスの良いクリエイティブを判断
④ Action（改善）…テスト結果に基づきクリエイティブを改善

スプリットランテストの正しい取り組み方

　多くの企業に取り入れられている広告テストがあります。それは「スプリットランテスト」。ABテストとも呼ばれていますが、非常にシンプルな考え方で、反応の高いクリエイティブへたどり着ける広告テスト法です。

◉スプリットランテストとは？

　このテストでは、2種類の広告を用意し、反応の差を測定します。3種類以上の広告でテストするケースもありますが、基本的には**2種類で考える方が安全**です。同時にテストする広告が多くなり過ぎると、かなりの広告露出量が必要になり、広告の管理や効果測定も難しくなるからです。

◉変更要素は1つだけ

　スプリットランテストで何よりも重要なことがあります。それは、**ABのクリエイティブで変える要素は1カ所だけにする**こと。なぜなら、複数箇所が異なる広告だと、レスポンス差の原因が特定できなくなるから。
　スプリットランテストは、何が良くて、何が悪いのかを正確に判断するのが目的です。正確に原因を特定できるよう、ABのクリエイティブで変える要素は1つにしてください。

◉スプリットランテストで変えるべき要素

スプリットランテストで変えるべき要素は、次のとおりです。

スプリットランテストの要素リスト

・媒体
・訴求
・キャッチコピー
・オファー
・レスポンスデバイス（申込方法）
・社会的証明や権威
・デザインやレイアウト
・ボディコピーの構成

※どれか1つの要素だけを変えた広告でABテストを実施する

広告効果で変えるべき3パターンのテスト法

　スプリットランテストで変えるべき要素は、広告のレスポンスで調整する必要があります。どの要素を変えて広告テストするか、**レスポンスを「最悪」「イマイチ」「それなりに良い」の3パターンに分けて判断**します。

◉パターン① 広告結果が"最悪"だったら？

「100件の問合せを見込んでいたが反応2件」
「500個の販売を見込んでいたが5個しか売れない」
「無料オファーなのに成約率0.3%」

　このような場合、2つの原因が考えられます。

広告結果が"最悪"のときの2大原因
原因① 訴求がズレている
原因② 媒体の選択をミスしている

　つまり、スプリットランテストで変えるべき要素はこの2点です。

- -

① 訴求を変えたABの広告でテスト
② 同一の広告を異なる媒体でテスト

- -

　この広告テストでは0を1にすることが目的です。もっとも労力が必要になるケースですが、訴求や媒体を見直し、0を1に変えましょう。

① 「訴求を変えたABの広告」でテストの注意点

この広告テストでは、メッセージの軸である「誰に何を言うか？」を変えることになります。キャッチコピーだけ変えて済むケースもありますが、多くの場合、**訴求を変えると、コピー全体の変更が必要**になります。

そのため、**訴求テストでは、1つの要素だけを変えるというルールを無視する**ことになります。

② 「同一の広告を異なる媒体でテスト」の注意点

媒体テストは重要です。媒体を変えた途端に反応が増えることもあるからです。どれだけ訴求やコピー、オファーが良くても、媒体が悪いとレスポンスは得られません。魚のいない池で釣りをするのとおなじです。

効果の良い媒体を見極めるには、小予算で広告をだしてみることです。通数、部数、露出数、クリック数など、ボリューム数をコントロールできる媒体で少量だけテストしてみましょう。

複数媒体で効果がなければ、それは訴求がダメということです。

◉パターン② 広告結果が "イマイチ" だったら？

「100件の問合せを見込んでいたが反応30件」
「500個の販売を見込んでいたが売れたのは100個」
「無料オファーなのに成約率3%」

反応がゼロではない。でも、多いとは言えず、むしろ少ない。大失敗とはいえないけど、成功とはなかなか言いがたい。つまり、"イマイチ"。このような場合、2つの原因が考えられます。

> **広告結果が"イマイチ"のときの２大原因**
> 原因① キャッチコピーがダメ
> 原因② オファーが弱い

つまり、スプリットランテストで変えるべき要素はこの２点です。

---

① キャッチコピーだけを変えたABの広告でテスト
② オファーだけを変えたABの広告でテスト

レスポンスが大幅にアップするステージ

オファーを変えるには労力が伴います。まずは、キャッチコピー表現のテストからスタートしてください。

また、**キャッチコピー付近に掲載する「アイキャッチ画像」のテストも重要**です。

広告テストでもっとも反応が変化するのが、この"イマイチ"パターンです。キャッチコピーやオファーを変えることで反応が２倍、３倍と変わることもあるので、あきらめずに広告テストを続けましょう。

"最悪"に比べたら
"イマイチ"でも嬉しい……

ポジティブね～

●パターン③ 広告結果が "それなりに良い" だったら？

「100件の問合せを見込んでいたが反応60件」
「500個の販売を見込んでいたが売れたのは300個」
「無料オファーなのに成約率5％」

このような場合、3つの原因が考えられます。

広告結果が "それなりに良い" のときの3大原因
原因① ボディコピーがダメ
原因② レイアウトやデザインがダメ
原因③ EFO が弱い

つまり、スプリットランテストで変えるべき要素はこの3点です。

- -

① ボディコピーだけを変えたABの広告でテスト
② レイアウトやデザインだけを変えたABの広告でテスト
③ レスポンスデバイス（申込方法）だけを変えたABの広告でテスト

- -

順に見ていきましょう。

①「 ボディコピーだけを変えたテスト 」の注意点

この広告テストは微調整を繰り返しながら、少しずつ反応を高めるステージです。①の**ボディコピーを変えるテストでは、細かい文章表現の変更では差がほとんど出ないため、大きな視点で修正すること**を推奨します。

たとえば、コピーの量を増やす、または減らす。社会的証明や権威、実績などの証拠を追加する。ボディコピーの構成を見直すなどの修正が求められます。

②「 レイアウトやデザインだけを変えたテスト 」の注意点

レイアウトやデザインを変えるテストでは、主にキャッチコピーやリードコピー付近の見せ方が重要になります。つまり、**ファーストインプレッション部分の修正**です。

スクロールされる前に、スワイプされる前に、パッと見て読む価値が伝わりそうなデザインやレイアウトを考える必要があります。

③「 レスポンスデバイスだけを変えたテスト 」の注意点

レスポンスデバイスとは、業界用語で申込方法のことを指します。どれだけ申込みしやすくするかがポイントです。

EFOと呼ばれる分野ですが、レスポンスに大きく影響します。詳しくは第20章でお伝えします。

未確認飛行物体と
似ていますね

ＵＦＯの
テレビ特番ってなくなったわね〜

WEBの広告テストで
最低限理解しておくべき9つの指標

WEB広告の強みは、リアルタイムで細かい効果測定ができること。

とはいえ、新しい効果測定の考え方や指標が次々と登場するため、多くの方が苦手意識を持ってしまいます。

でもご安心を。**今からお伝えする9つの指標さえわかっておけば、基本的な広告テストは問題ありません**。

また、別の指標を理解するときの基本にもなります。

◉① インプレッション数

広告が表示された回数。「imp」や「imps」と表記されることもあります。

◉② 開封率

メールやLINEなど、お客さんにメッセージを送る媒体での開封指標。開封率が高ければ高いほど、その媒体でのレスポンスは向上します。**開封率はメールであれば件名、LINEであれば最初の一言が大きく影響**します。

また、**配信日時やメッセージを送るリストの状態も重要**。リストと売り手の信頼関係が濃いほど、開封率はアップします。

> 式）メッセージを開封した人数÷配信数× 100 ＝開封率
> 例）開封数 200 人÷配信数 1,000 × 100 ＝開封率 20%

●③ **CTR** (Click Through Rate)

　広告表示回数（インプレッション数）のうち、何%がその広告をクリックしたかを示す指標。主にバナー広告で重要視される指標ですが、CTRが良いほど、その広告に興味を持った人が多いことになります。

　媒体によっては、CTRが良いほど1クリックあたりのコスト（CPC）が下がることもあるため、広告の費用対効果に大きく影響します。

　バナー広告は、クリエイティブ次第でCTRが劇的にアップするため、セールスコピーの技術が大いに役立ちます。

> **式）クリック数÷インプレッション数× 100 ＝ CTR**
> 例）300 クリック÷ 5,000 インプレッション× 100 ＝ CTR6%

●④ **CPC** (Cost Per Click)

　1クリックあたりの費用を示す指標。「クリック単価」と呼ばれることもあります。**CPCが低いほど、低予算で多くのユーザーに広告を見てもらったことになります**。

　次は基本的な公式ですが、リスティング広告やフェイスブック広告など、CTRや他の要素でCPCが変動する媒体もあるため注意してください。

> **式）広告費用÷クリック数＝ CPC**
> 例）広告費用 60 万円÷ 3,000 クリック＝ CPC200 円

◉⑤ CV（Conversion）

広告から発生した申込みや販売、問合せなど、**売り手が求める成果を示す指標。広告レスポンスでもっとも重要な指標**です。

セールスコピーは、CV数を増やすための技術と呼んでも過言ではありません。CV^{シーブイ}ではなく、コンバージョンと呼ぶのが一般的です。

> 例）資料請求1,500件　⇒　CV1,500件

◉⑥ CVR（Conversion Rate）

サイト訪問者の何人がコンバージョンしたかを示す指標。一般的なWEB媒体でいえば、バナーをクリックしたユーザーのうち、何％がコンバージョンしたかを示す指標になります。

CVRは、LPやWEBサイトの良し悪しを判断するのに重要。もし、**バナーのCTRが良くてLPのCVRが低ければ、改善すべきはLP**だとわかります。

> **式）CV数÷サイト訪問数× 100 ＝ CVR**
> 例）CV100件÷サイト訪問数5,000 × 100 ＝ CVR 2 ％

◉⑦ CPA（Cost Per Action）

1件のCVを得るためにかかった費用を示す指標。
CPAが低いほど、費用対効果の高い広告運用ができています。CPAを改善するには、CVRだけではなくCPCの改善も重要になるため、WEB広告全体の良し悪しを判断する指標になります。

また、**CV 1 件あたりの損益分岐点をCPAに反映させることで、安全な広告運用を目指せます**。

式）**広告費用÷CV数＝CPA**
例）広告費用 50 万円÷CV数 100 件＝CPA5,000 円

⑧ ROAS （Return On Advertising Spend）

広告費に対して得られた売上を示す指標。広告で利益を出すためには、予め目標のROASを設定しておく必要があります。

式）**売上÷広告費用× 100 ＝ ROAS**
例）売上 3,000 万円÷広告費用 500 万円× 100 ＝ ROAS600％

⑨ LTV （Life Time Value）

1人のお客さんが、そのサービス利用を終了するまでに、どれぐらいの売上をもたらすかを示す指標。
LTVを正確に計測できていれば、目標CPAをより正確に計算できるようになり、広告展開がやりやすくなります。サブスクリプションビジネスが浸透する今、ますます重要になる指標の 1 つ。
LTVの計算式は、いくつかありますが、実用的なものを 2 つ紹介します。

LTV の実用的な計算式 2 つ

式①）平均購買単価×購買頻度×継続期間 = LTV
※この式は LTV の一般的な式ですが、正確な継続期間を測るには、
それなりの事業期間が求められます。

例①）平均購買単価 1,500 円×購買頻度 10 回×継続期間 3 年＝
LTV45,000 円
※ LTV45,000 円に粗利率をかけた数字を、CPA のリミットとして考
えることができます。

- -

式②）年間売上÷1 年間に購入した顧客のユニーク数 = LTV
※この式は、1 年間で 1 人のお客さんが平均して何円の売上を生む
かを計算します。本来であれば顧客の生涯売上で見るべきですが、
現実的には直近 1 年間で計測したデータの方が信頼できます。

例②）年間売上 1 億 2 千万円÷年間の顧客ユニーク数 5,000 人＝
LTV24,000 円
※ LTV24,000 円に粗利率をかけた数字を、CPA のリミットとして考
えることができます。

Long Tetevision
かと思いました

ワイドテレビって
昔、流行ったよね

正解を見つけたら、徹底的に使いまわす

広告テストを続けた結果、レスポンスが満足行くものになったら必ず守っていただきたいことがあります。それは、その広告を徹底して使い続けること。多くの方が、ちょっとレスポンスが下がっただけで、広告を作り直そうとします。

しかし、**一度成功した広告は、効果がなかなか落ちません。効果が落ちたとしても、それは一時的なものである場合が多く、しばらくすればレスポンスは復活します。**

◉お客さんより先に飽きてはならない

何よりも問題なのは、**お客さんより先に、作り手が飽きてしまうこと。**反応が取れる広告に飽きてしまい「もっと良い広告を作りたい」と考えてしまうのです。これは、苦労して育てた優秀な営業マンを、わがままな理由で解雇するのとおなじ。非常にもったいないことです。

効果の良いクリエイティブは「LP ⇒ DM」「チラシ ⇒ LP」のように、媒体を変えても通用することが多いため、上手く行けば販路拡大が可能です。**反応の高い広告は、限界まで使いまわしてください。**

迷ったときは、迷わずにテスト

・広告は科学
・テスト結果だけが事実を教えてくれる
・正しく取り組めば、年間の売上がひとケタ変わる

正しい方法でテスト

・適当なテストは、正確な測定ができず施策が間違えた方向へ進む
・AB の広告で変える要素は1カ所だけ（訴求テストは例外）
・広告テストを繰り返して、レスポンスの良い広告を完成させる

計画的に「PDCA」を回す

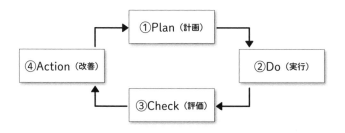

① Plan（計画）…クリエイティブが異なる複数の広告を制作
② Do（実行）…それら複数の広告を同条件で露出
③ Check（評価）…効果計測でレスポンスの良いクリエイティブを
　　　　　　　　　判断
④ Action（改善）…テスト結果に基づきクリエイティブを改善

テスト例
1周目＝訴求の AB テスト
2周目＝キャッチコピーの AB テスト
3周目＝オファーの AB テスト
4周目＝ボディコピーの AB テスト
5周目＝デザインの AB テスト

スプリットランテストで変えるべき要素

・媒体
・訴求
・キャッチコピー
・オファー
・レスポンスデバイス（申込方法）
・社会的証明や権威
・デザインやレイアウト
・ボディコピーの構成

広告の結果によってテスト内容は異なる

① 広告結果が "最悪" だったら？
・訴求を変えた AB の広告でテスト
・同一の広告を異なる媒体でテスト

② 広告結果が "イマイチ" だったら？
・キャッチコピーだけを変えた AB の広告でテスト
・オファーだけを変えた AB の広告でテスト

③ 広告結果が "それなりに良い" だったら？

・「ボディコピーだけを変えた AB の広告」でテスト
・「レイアウトやデザインだけを変えた AB の広告」でテスト
・「レスポンスデバイス（申込方法）だけを変えた AB の広告」
　でテスト

WEB 広告テストで理解すべき 9 つの指標 ·······························

① インプレッション数
広告が表示された回数

② 開封率
メッセージを開封した人数÷配信数× 100 ＝開封率

③ CTR（Click Through Rate）
クリック数÷インプレッション数× 100 ＝ CTR

④ CPC（Cost Per Click）
広告費用÷クリック数＝ CPC
※ CTR など他要素の良し悪しで CPC が変動する媒体もあるため注意が必要

⑤ CV（Conversion）
広告から発生した申込みや販売、問合せなどの成果

⑥ CVR（Conversion Rate）
CV 数÷サイト訪問数× 100 ＝ CVR

⑦ **CPA** （Cost Per Action）

広告費用÷ CV 数＝ CPA

⑧ **ROAS** （Return On Advertising Spend）

売上÷広告費用× 100 ＝ ROAS

⑨ **LTV** （Life Time Value）

式①）平均購買単価×購買頻度×継続期間＝ LTV

式②）年間売上÷ 1 年間に購入した顧客のユニーク数＝ LTV

正解にたどり着いたら限界まで使いまわす

・お客さんより先に作り手が飽きてはならない
・一度成功した広告は、効果がなかなか落ちない
・「WEB →紙」「紙→ WEB」という使いまわしも検討

第**18**章

読みやすくなる「レイアウトと装飾」13の技法

セールスコピーの「レイアウト」と「装飾」の目的とは？

多くの方が、広告を見栄えよくしようと細部にこだわります。

しかし、よほどのセンスがある方、またはデザイナーでなければ、なかなか上手くいきません。

この章では、ノンデザイナーが広告を作るときに知っておきたい「レイアウト」と「装飾」の基本技術をお伝えします。

●アートとデザインの違い

最初に、アートとデザインの違いを理解しておきましょう。

アートは自己表現です。音が出ないギターを作っても、芸術的なメッセージがあればアートとして成り立ちます。

デザインは、他者満足のために存在します。音が出ないギターを作るような、主観的な創作活動ではありません。企業や消費者など、関わる人の利益を満たすための仕事です。

この章でお伝えする「レイアウト」と「装飾」は、デザインの分野で求められる技術です。

●目的はたった１つ

セールスコピーで求められる「レイアウト」と「装飾」は、たった１つの目的を果たすために存在します。それは、広告のレスポンスアップ。

もっとたくさん読まれて、もっとたくさんの反応を得るための「レイアイト」と「装飾」が求められます。

この章で学ぶ「レイアウト」と「装飾」は、それぞれ次を意味します。

・**レイアウトとは？**

「情報を配列」すること。よりよいレスポンスを得るために、キャッチコピー、画像、リードコピー、ボディコピーなどの広告要素を、効果的に配列する。

・**装飾とは？**

「飾る」こと。見栄えのイメージが強い言葉ですが、セールスコピーの場合、広告のレスポンスを高めるために装飾を施します。

●レスポンスを高める「レイアウト」と「装飾」のコツ

　広告のレスポンスアップを目的としたレイアウトと装飾では、次の3つが重要なポイントです。

レスポンスを高める「レイアウト」と「装飾」3つのポイント

ポイント① 「読みやすくする」

セールスコピーは文章量が多くなりがちです。そのため、読むストレスを1%でも減らすレイアウトと装飾が求められます。

ポイント② 「順序良く読んでもらえるよう誘導する」

ボディコピーは語る順序（構成）が大切です。こちらが意図した順序で読んでもらうレイアウトと装飾が求められます。

ポイント③ 「読んで欲しい箇所へ誘導する」

魅力的なオファーや社会的証明など、レスポンスに大きな影響をもたらす必読部分へ誘導するレイアウトと装飾が求められます。

今から、この３つを満たすための基本技術を解説いたします。

読みやすくする方法①
「KISSを忘れない」

　読みやすさとは何か？　それは"シンプル"であること。広告の父と呼ばれるデイビッド・オグルビーは、次の名言を残しています。

　"Keep It Simple Stupid"（シンプルにしなさい）

　頭文字を取って「KISS」と呼ばれますが、重要な考え方です。
　デザイナーでない方が凝ったレイアウトや装飾を考えると、大体が読みにくくなってしまいます。**読みやすいデザインは、常にシンプル**。わざわざ複雑にする必要はありません。
　レイアウトや装飾に悩んだらKISSを思い出してください。シンプルに、もっとシンプルになるよう心がけましょう。

◉雑誌のテキストは良いお手本

　雑誌のテキストは良いお手本です。一般的な雑誌は、シンプルでムダがなく、読みやすいレイアウトが施されています。過度な装飾は、ほとんど見受けられず、文章量が多くても読むストレスを感じません。

読みやすくする方法②
「奇をてらったフォントは使わない」

この２つですが、どちらが読みやすいでしょうか？

レイアウトや装飾に悩んだら KISS を思い出してください。シンプルに、もっとシンプルになるよう心がけましょう。	レイアウトや装飾に悩んだら KISS を思い出してください。シンプルに、もっとシンプルになるよう心がけましょう。

左のように、奇をてらったフォントは逆効果です。文字自体は目立ちますが、読みにくくなるので注意してください。

大切なのは文字の個性ではなく、ストレスなく読み続けられることです。

◉読みやすいフォントとは？

読み手が普段から見慣れているフォントです。紙媒体なら、書籍や雑誌、新聞などで使用されているフォント（明朝体やゴシック体）。

WEBであれば、ヤフーやグーグル、フェイスブック、ツイッターなど、ネットユーザーが見慣れているテキストとおなじフォントにしてください。

僕、KISS 好きなんすよ　　　知らんがな

読みやすくする方法③
「カラフルにしすぎない」

　文字そのものに色を付け過ぎると、たちまち読みにくくなってしまいます。色は文字を目立たせる効果がありますが、使いどころが肝心です。**どうしても読んで欲しい情報だけに色を付けましょう**。

　色を付けるかどうか悩んだならば、付けない方を選んでください。それだけで、読みやすさはアップします。

読みやすくする方法④
「白抜きよりも、白地に黒文字」

　この2つですが、どちらが読みやすいでしょうか？

フォントは、読者が普段から見慣れているものを使うこと。紙媒体であれば、書籍、雑誌、新聞などで使われているテキストとおなじフォント（明朝体やゴシック体）を推奨します。ただし、手書きフォントに関しては、読み手の注目度が高まるのでキャッチコピーや小見出しなどで活用できます。

フォントは、読者が普段から見慣れているものを使うこと。紙媒体であれば、書籍、雑誌、新聞などで使われているテキストとおなじフォント（明朝体やゴシック体）を推奨します。ただし、手書きフォントに関しては、読み手の注目度が高まるのでキャッチコピーや小見出しなどで活用できます。

左は「白抜き」と呼ばれますが、読みにくくなってしまいます。ボディコピーは、基本的に白背景と黒文字にしてください。

　ただし、**小見出しや、ワンポイントで目立たせたい短い文章においては、白抜きを使うと視認性効果がアップするので、使い分けが重要**です。

・小見出しを白抜きにした例

奇をてらったフォントはNG

フォントは、読者が普段から見慣れているものを使うこと。紙媒体であれば、書籍、雑誌、新聞などで使われているテキストとおなじフォントを推奨します。

そっちの kiss か〜
ハードロック好きなんだね……

特に、ジーン・シモンズが好きで……

読みやすくする方法⑤
「行頭と行末を揃える」

この2つですが、どちらが読みやすいでしょうか？

> ボディコピーは、基本的に
> 白背景と黒文字にしてください。
> ただし、小見出しや、ワンポイントで
> 目立たせたい短い文章においては
> 白抜きを使うと視認性効果が
> アップするので、使い分けが重要です。

> ボディコピーは、基本的に白背景と黒文字
> にしてください。ただし、小見出しや、ワ
> ンポイントで目立たせたい短い文章におい
> ては白抜きを使うと視認性効果がアップす
> るので、使い分けが重要です。

　下側は、「行頭」と「行末」が揃っています。**「行頭」と「行末」が揃っ
ていないと、過度に視線を動かすことになり疲れます**。長文になると、こ
の差は、読み手のストレスに大きな影響をもたらすので要注意。

　雑誌の記事を読んでみてください。縦書きでも横書きでも「行頭」「行末」
が揃っていることに気づかされるでしょう。紙媒体では、特に注意してく
ださい。

読みやすくする方法⑥
「段組みデザインを使う」

この文章を、さらに読みやすくするには、どうすればよいでしょうか？

読まれるチラシを作る方法

多くの方が、ポストに入っているチラシを読むことなく、そのままゴミ箱へ投げ入れます。残念ですが、ポスティングチラシは、ほとんどのお客さんにとってゴミ同然。どうすれば、即ゴミ箱行きを防げるのか？　その秘訣は、キャッチコピーにあります。お客さんは、キャッチコピーを見て、そのチラシを読むかどうかを一瞬で判断します。つまり、最初の数行が運命の分かれ道。チラシを手に取った瞬間「なにこれ？」とおどろき、どうしても続きを読み進めたくなるキャッチコピーを考えましょう。

横に長すぎるテキストは、端から端まで目を動かすことが多くなり、読むストレスが増えます。この問題を解決するには、段組みデザインが効果的。段組みデザインとは、文字や図を、2列以上に分けて配列することです。チラシなどの紙媒体では特に重要です。

読まれるチラシを作る方法

多くの方が、ポストに入っているチラシを読むことなく、そのままゴミ箱へ投げ入れます。残念ですが、ポスティングチラシは、ほとんどのお客さんにとってゴミ同然。どうすれば、即ゴミ箱行きを防げるのか？　その秘訣は、キャッチコピーにあります。

お客さんは、キャッチコピーを見て、そのチラシを読むかどうかを一瞬で判断します。つまり、最初の数行が運命の分かれ道。チラシを手に取った瞬間「なにこれ？」とおどろき、どうしても続きを読み進めたくなるキャッチコピーを考えましょう。

段組みデザインのポイントは、1行あたりの文字数を均一に制限して分割すること。各列1行あたりの文字数がバラバラだと、逆に読みにくくなってしまいます。紙媒体の場合は、1行あたり11～15文字に揃えましょう。これは、雑誌や新聞の文字数です。

読みやすくする方法⑦
「改行する」

本や雑誌と違って、お客さんは広告を読みたくありません。そのため、文字が詰まり過ぎていると、それだけで読む気が失せてしまいます。

この問題を解決するのが改行です。改行を効果的に使えば、大量の情報を、小さな情報の塊に見せることができ、読むストレスが軽減されます。

LPやDMなど、文章量が多くなる媒体では、特に重要なので注意してください。

国語的なルールは気にしなくても問題ありません。広告で最優先すべきは、読みやすさを高めることです。**3～4行で改行を目安**にしましょう。

●メール広告の注意点

メールでは、スマホでの閲覧を意識してください。機種や設定で改行位置が変わってしまいますが、現段階では、1行を19文字で改行すれば安全です。

ただし、今後も改行表示の仕様は変化するかもしれませんので、常に最新情報を調べておきましょう。

読みやすくする方法⑧
「空白を使う」

　広告には「空白は何も売らない」という考え方があります。もし、無意味な空白があるならば、少しでもコピーを書いて価値を伝えるべきという意味です。

　しかし、空白も使い方によっては効果的。たとえば、この2つですが、どちらが目に入りやすく、読みやすいでしょうか？

> ### 改行で注意すること
> 改行は、大量の情報を小さな情報の塊に見せることができ、読むストレスが軽減されます。ランディングページやダイレクトメールなど、文章量が多くなる媒体では、改行は重要です。国語的なルールは気にしなくても問題ありません。3～4行で改行を目安にしましょう。

> ### 改行で注意すること
> 改行は、大量の情報を小さな情報の塊に見せることができ、読むストレスが軽減されます。ランディングページやダイレクトメールなど、文章量が多くなる媒体では、改行は重要です。国語的なルールは気にしなくても問題ありません。3～4行で改行を目安にしましょう。

　あえて極端な例をだしましたが、右側のように、余白は文章の圧迫感を軽減する効果があります。**ムダな空白は意味がありませんが、読みやすさを高めるための空白は必要**です。

順序良く読んでもらう方法
「アイフローを意識する」

こちらが意図したとおりに読み進めてもらうには、お客さんの目の動き「アイフロー」を理解しておくのが重要です。読み手の目の動きを想定して、レイアウトを組むのです。

アイフローは、昔から研究されている分野であり、現在も新たな考え方が提唱され続けています。しかし、**基本となる「Z型」と「N型」をわかっておけば問題ありません**。

Z型アイフロー

横方向に文章が構成される広告では、「Z型アイフロー」を意識します。

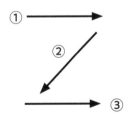

N型アイフロー

縦方向に文章が構成される広告では、「N型アイフロー」を意識します。

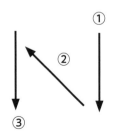

注意点は、必ずしも正確なZ型、N型を描くわけではないこと。大体Z型、N型の動きになると考えてください。

正確なZ、Nを描くわけではない

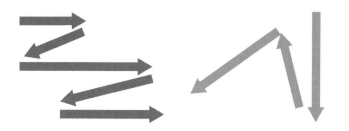

Z型とN型の混同

　横方向と縦方向の文章が混在する広告では「Z型」「N型」のアイフローが混在します。

縦に長いランディングページの場合

　文章量が多く縦に長いランディングページは、下方向とZ型の繰り返しを想定してください。==最初は下方向へサーッと読み進めて、気になるところをZ型で読む==イメージです。

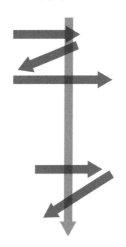

1つの広告に、たくさんのZとNが発生する

　広告全体を眺めるときも、各パートを読み進めるときも、それぞれにたくさんのZ型とN型が発生します。また、必ずしも正確な型を描きません。アイフローを意識してレイアウトする場合は「大体そうなる」というイメージを持ちましょう。ただし、ほとんどの読み手が①から読みはじめます。そのため、読み手の注意を掴むために存在するキャッチコピーや、==アイキャッチ画像は、必ず❶からスタート==させてください。

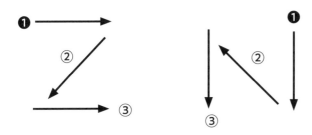

読んで欲しい箇所へ誘導する方法①
「四角枠で囲む」

どうしても読んでもらいたい「2～3行の文章」があれば四角枠で囲みましょう。**人は囲まれた枠内に注目する習性がある**ため、その文章に目を留める人が増えます。

ただし、使いすぎると意味がなくなるのでご注意ください。

主に、次のパートで使用すると効果的なテクニックです。

「四角枠で囲む」と効果的な箇所

① リードコピー

② 箇条書き部分

③ 社会的証明や権威、実績

④ 小見出し

⑤ オファー

⑥ 申込み

読んで欲しい箇所へ誘導する方法②
「文章にメリハリをもたせる」

各文章の重要箇所は、太字、下線、マーキング、色の変更などで装飾しましょう。ただし、装飾が多すぎるのは良くありません。

たとえば、次の2つを見比べてください。

フォントは、読者が普段から見慣れているものを使うこと。紙媒体であれば、書籍、雑誌、新聞などで使われているテキストとおなじフォント（明朝体やゴシック体）を推奨します。ただし、手書きフォントに関しては、読み手の注目度が高まるのでキャッチコピーや小見出しなどで活用できます。

フォントは、読者が普段から見慣れているものを使うこと。紙媒体であれば、書籍、雑誌、新聞などで使われているテキストとおなじフォント（明朝体やゴシック体）を推奨します。ただし、手書きフォントに関しては、読み手の注目度が高まるのでキャッチコピーや小見出しなどで活用できます。

左側は読みにくく、何が重要な情報なのかパッとみてわかりません。文字の装飾は、注意してもらいたいところだけに施し、**全体の文章量の３割以下を目安**にしましょう。

読んで欲しい箇所へ誘導する方法③
「目を留める画像」

画像は文字よりも目に留まります。脳は文字を認識するまでに2秒かかると言われていますが、画像はもっと早く認識できます。つまり、**目を惹く画像は、読み手の注意を一瞬で掴める**ということ。**読んで欲しい箇所には、お客さんが興味を持ちそうな画像を掲載**してください。

◉コピーと画像はかぶせない

コピーと画像は、なるべくかぶらないようにしましょう。次の画像をご覧いただければわかりますが、コピーが読みにくくなってしまいます。

もし、**画像とコピーをかぶせることになったら、文字だけが独立して読**

めるような右の写真のようなレイアウトが求められます。

読んで欲しい箇所へ誘導する方法④
「キャプションで引き込む」

　キャプションとは、画像の下に入れるテキストのこと。この部分は、かなりの確率で読まれます。その**画像を説明するコピーを書くのではなく、広告本文に引きずり込むコピーを書いてください。**画像で注意を掴み、キャプションを読んで、さらにその先が知りたくなる流れが必要です。

ほら、やっぱり読んでしまったでしょ？

セールスコピーで求められるレイアウトと装飾とは？ ……

・広告のレスポンスアップが目的
・もっと読まれて、もっと反応が得られるレイアウトと装飾が必要

レスポンスを高めるレイアウトと装飾３つのポイント ……

① 「読みやすくする」
② 「順序良く読んでもらえるよう誘導する」
③ 「読んで欲しい箇所へ誘導する」

13 の技法 ……………………………………………………

① 「KISS を忘れない」
② 「奇をてらったフォントは使わない」
③ 「カラフルにすれば良いのではない」
④ 「白抜きよりも白地に黒文字」
⑤ 「行頭と行末を揃える」
⑥ 「段組みデザインを使う」
⑦ 「改行する」
⑧ 「空白を使う」
⑨ 「アイフローを意識する」
⑩ 「四角枠で囲む」
⑪ 「文章にメリハリをもたせる」
⑫ 「目を留める画像」
⑬ 「キャプションで引き込む」

第19章

広告効果を高める「10の心理テクニック」

心理効果がレスポンスに影響した9つの事例

カクテルパーティー効果やカリギュラ効果、ザイガニック効果など、これまでお伝えしたセールスコピーの技術は、その多くが心理効果に裏付けられています。

> 心理効果を深く知ることで、
> セールスコピーの技術はさらに向上します。

それだけではありません。マーケティングや営業、日常のコミュニケーションなど、幅広い分野で優れた結果が得られます。

たとえば、この事例は、心理効果によって結果が大きく変わった話です。

・**パン屋さんの事例**

陳列棚に「お一人様3個まで」と書かれた案内を貼りだすと、その日のうちに客単価が跳ね上がった。

・**税理士事務所の事例**

これまで、2種類（A安い・B高い）の顧問プランしかなく、安いプランしか売れなかった。しかし、さらに高い顧問プラン（C）を作ることで、Bのプランに申込む人が増えた。

・**コンサルタントの事例**

これまで5パターンの商品を案内していたが、案内する商品を2パターンに減らし「どちらにしますか？」と問いかけると、申込みが増えた。

- **通販の事例①**

3パターンの商品を案内していたが、その内の1つに「オススメ」と書くだけで、2倍以上売れるようになった。

- **通販の事例②**

商品購入ページに「○○人が買っています」と、一言加えるだけで購入者数が劇的に伸びた。

- **通販の事例③**

生産終了を案内したとたん、在庫がいっきに売り切れた。

- **通販の事例④**

セールのとき、すべての商品に定価を表記したら、過去最高売上になった。

- **教育関係者向けセミナーの事例**

間違えて、いつもより高い料金で案内をだしてしまったのに、逆に申込みが増えた。

- **ツイッターの事例**

フォロワーにたくさん「いいね」をすると、「いいね」される数が増えた。

　このような事例を聞くと多くの方が、カタチだけをマネして失敗します。重要なのは、**上手く行った理由を、心理効果から読み解くこと。心の動きを本質から理解すれば、学んだ技術をいろんなシーンで応用できる**ようになります。この章では、コピーライティングやマーケティング、営業などですぐに役立つ10の心理テクニックについてご紹介します。

売りたい商品を売る「松竹梅の法則」

　ノーベル経済学賞を受賞した心理学者「ダニエル・カーネマン」の研究では、**人間はリスク回避に重きを置くことがわかりました。これを「プロスペクト理論」**と呼びます。

　人は、得するよりも、失敗したくない、損したくない気持ちが強く働き、**獲得の喜びよりも、損失の痛みの方を2倍ほど大きく感じる**のです。

　この心理を活用した価格戦略が「松竹梅の法則」。先ほどご紹介した、税理士事務所の事例を思い出してください。

・税理士事務所の事例

　これまで、2種類（A安い・B高い）の顧問プランしかなく、安いプランしか売れなかった。しかし、さらに高い顧問プラン（C）を作ることで、Bのプランに申込む人が増えた。

　これは、プロスペクト理論を使った戦略の一例です。

◉松竹梅の法則とは？

　複数の料金が設定できる商品で、わざと3つの価格帯を作る戦略。

----

　① 高いプラン（松）

　② 中間プラン（竹）

　③ 安いプラン（梅）

あえて３つのプランをみせることで、このような心理効果が働きます。

---

① 高いプラン（松）⇒　ムダにお金を払うリスクがあるのでは？
② 中間プラン（竹）⇒　一番安全では？
③ 安いプラン（梅）⇒　安すぎて信用できない

　つまり、中間プランは一番リスクが低く、安全な選択肢に思われるのです。松竹梅の法則を使う場合、**一番売りたい商品を中間プランに設定しましょう。価格は高すぎず、安すぎない設定が重要**です。

心理テクニック②
“いいね”を増やす「返報性の原理」

　友人から誕生日プレゼントをもらったら、**何かのお返しをしたくなるものです。誰もが抱いたことのあるこの感情は、返報性の原理**が働いているから。ツイッターの事例を思い出してください。

・ツイッターの事例
　フォロワーにたくさん「いいね」をすると、「いいね」される数が増えた。

　ツイッターの機能も理由に挙げられますが、これは返報性の原理も働いています。

●返報性の原理とは？

　他人から何かをしてもらったら、そのお返しをしないとスッキリしない心理。これは、律儀(りちぎ)な日本人だけではなく世界各国に共通する心理現象です。

　もちろん、善意の押し売りは迷惑なので、相手がされて嬉しいことを提供する必要があります。この心理効果を活用した交渉術「ドアインザフェイス」は、非常に有名です。

●ドアインザフェイスとは？

　取引条件や料金交渉時に使いやすい、返報性の原理を使った交渉テクニック。

---

　① 相手が拒否する大きな要求を提示
　② 断られたら、小さな要求（本命の要求）を提示

「拒否したら譲歩法」と呼ばれますが、あなたが譲歩するなら、私も何かしなければならないという返報性を期待する交渉術です。私自身、クライアントとの交渉でこの技術をよく使っています。

心理テクニック③
好意と信頼を高める「ザイオンス効果」

　新しい家電を買いに行きました。目の前に、聞いたことのないメーカー

と、知っているメーカーの商品が並んでいます。性能と価格は、どちらもおなじ。どちらも、コスパに優れています。この場合、知っているメーカーの商品を選ぶのではないでしょうか？

　この現象には「ザイオンス効果」が働いています。ザイオンス効果は、広告において非常に重要な心理効果なので、必ず理解しておきましょう。

◉ザイオンス効果とは？

　接触回数が増えるほど、好感を抱きやすくなる心理。**人は、まるで新しいことを受け入れられませんが、すでに知っていることは受け入れやすいものです。なぜなら、対象物への警戒心が薄れる**から。

　各企業がお金をかけてTVCMをやる理由は、まさにここ。TVCMの予算がだせない中小企業でも、日ごろの活動で、ザイオンス効果を高める努力は欠かせません。たとえば、下記の取り組みが重要です。

ザイオンス効果を高める施策
・メルマガやステップメールの頻度を増やす
・SNSの更新頻度を増やす
・ニュースレターを定期的に配布する
・リマーケティング広告をする
・チラシの配布頻度を増やす

「情報発信の頻度が増えると嫌がられるのでは？」と思うかもしれませんが、**嫌がる人たちは見込客ではありません。本当の見込客は、接触頻度が増えるほど好意や信頼を抱く**ようになります。

心理テクニック④
価格表示で欠かせない「アンカリング」

こんな表記を見たことはありませんか？

定価~~12,800円~~ ⇒ 7,800円

わざとらしく見えますが、この表記には効果があります。通販の事例④を思い出してください。

・通販の事例④
セールのとき、すべての商品に定価を表記したら、過去最高売上になった。

このショップは、セールをするとき、割引価格しか表示していませんでした。しかし、**すべての商品に「定価○○円 ⇒ ○○円」と表記したら、売上が大幅に伸びた**のです。
これは「アンカリング」という心理効果が働いたからです。

◉アンカリングとは？

最初に印象付けられた数値が、その後の判断に影響する心理。アンカーとは「錨（いかり）」のことですが、お客さんの心に「判断基準」を埋め込むのです。
定価~~12,800円~~ ⇒ 7,800円という表記の場合、それを見たお客さんの頭の

中に「定価12,800円」が価値基準として埋め込まれます。その結果、値引きの価値を正しく理解できるようになります。

◉価格表示での注意点

アンカリングが効果を得やすいのは、価格表示です。**特に効果的なのが、その商品の定価や相場が知られていないケース**。この場合、お客さんは不安定な心理状態となり、与えられた価値基準（アンカー）を頼りに、その価格の正当性を評価します。

非常に効果的な手法ですが「二重価格表示」は、絶対に許されません。通常価格の表示を、実際の販売価格よりも不当に引き上げる行いです。これらのルールについては、各省庁の案内をご参照ください。

心理テクニック⑤
価値が高まる「希少性の法則」

こんな表記を見たことはありませんか？

・50台限定

・3ヶ月予約待ち

・ご宿泊は1日1組のみ

パッと見て、価値の高さを感じてしまいますが、なぜ、このような感情になるのでしょうか？ その理由は「希少性の法則」が働くからです。通販の事例③を思い出してください。

　それほど売れていない商品でしたが、在庫限りで生産終了する案内をだ
したら、即完売しました。

　もちろん、在庫セールをしたことも大きな原因ですが、売れない商品が、
その日に完売するなんてめったにありません。

　これは、希少性の法則が大きく影響しています。

◉希少性の法則とは？

　<u>いつでもどこでも手に入るものは価値が低く、手に入りにくいものは価値が高いと思う心理</u>。この心理効果もコピーライティングやマーケティングで非常に強力です。

　具体的に、このような使い方ができます。

希少性の法則をコピーやマーケティングに応用すると

・生産数の限定

・販売時期の限定

・販売場所の限定

　希少性を高めるには、他にもいろんな方法が考えられますが、「なかなか手に入らない代物」と思ってもらえるかどうかが重要です。

心理テクニック⑥
あえて高くする「ウェブレン効果」

大切な人のためのプレゼントを買うとき、ちょっとだけ値の張る商品を選んだことはありませんか？ **価値がよくわからない商品ならば、この傾向はより強くなります。**

なぜなら「ウェブレン効果」が働くからです。この事例を思い出してください。

・教育関係者向けセミナーの事例

間違えて、いつもより高い料金で案内をだしてしまったのに、逆に申込みが増えた。

この事例には「ウェブレン効果」が強く働いています。

●ウェブレン効果とは？

価格が高くなるほど価値を高く感じる効果。

安かろう、悪かろうの心理と似ていますが、**価格は、商品の品質をイメージさせます。状況によっては、安いと売れなくなってしまうこともある**のです。コピーライティングやマーケティングでは、価格設定の際に検討すべき心理効果ですが、次のケースではウェブレン効果が期待できます。

「この価格なら良いものに違いない」と確信するお客さんがいるのなら、ウェブレン効果を意識した価格を考えましょう。

心理テクニック⑦
申込みを増やす「決定回避の法則」

買い物のとき、こんな経験はありませんか？

・商品が多すぎて選べない

・プランが多すぎて選べない

・けっきょく、どれが一番いいの？

商品ラインナップが豊富なことは、悪いことではありません。

でも、状況によっては、それが買い物の邪魔になることがあります。なぜでしょうか？　それは「決定回避の法則」が働いているからです。コンサルタントの事例を思い出してください。

これまで5パターンの商品を案内していたが、案内する商品を2パターンに減らし「どちらにしますか？」と問いかけると、申込みが増えた。

お客さんのためを思って、たくさんのプランを用意していたけど、それが原因で申込みが減ってしまう…。このような事例は多いです。

もし、たくさんの商品ラインナップをお持ちならば、決定回避の法則をわかっておいて損はありません。

●決定回避の法則とは？

人は、選択肢が多すぎると選べなくなります。

なぜなら、選択肢が多いと、失敗したくない気持ちが強くなるから。選択肢が多い状況でも即断即決できる人はいますが、それはかなりめずらしいタイプとお考えください。**ほとんどの人は、選択肢が多すぎると必要以上に悩み、行動しないことを選びます**。

ただし、決定回避の法則は、必ずしも効果が得られる心理テクニックではありません。ビジネスによっては、商品数が多い方が購入数を増やすこともあります。選択肢を減らすかどうかは、慎重なテストが必要です。

●ランキングが効果的

あるパン屋さんでは、**店頭に売れ筋ランキングを掲載することで、販売数を増やしました**。

これには後に紹介するバンドワゴン効果も働いていますが、お客さんに買うべき商品を提示することで、決定回避の法則を和らげ、購買意欲を高めることに成功したのです。

◉オススメが効果的

ある通販サイトでは、**3パターンの商品を案内するページで、人気商品に「オススメ」と書いてみました。すると、その商品が2倍以上売れるようになった**のです。

何を買うべきかを伝えることも、決定回避の法則を和らげるのに有効です。

◉「どうしますか？」より「どちらにしますか？」

ご紹介したコンサルタントの事例には、もう1つ重要な心理テクニックが使われています。それは「どちらにしますか？」という問いかけ。

有名なクロージング技術ですが、**「どうしますか？」ではなく「どちらにしますか？」と聞いた方が、成約率はアップ**します。

なぜなら、「買う・買わないの心理」が「選ぶ・検討の心理」に変わるからです。

心理テクニック⑧
決め手になる「バンドワゴン効果」

この2つですが、あなたならどちらを選びますか？

A　日本人の8割に選ばれている歯ブラシ

B　日本人の2割に選ばれている歯ブラシ

言うまでもなくAでしょう。

キャッチコピー編で「社会的証明」について解説いたしましたが、人は多くの人から選ばれているものに価値を感じます。この心理効果をバンドワゴン効果と呼びます。通販の事例②を思い出してほしいのですが、バンドワゴン効果は、たった一言でレスポンスを変えてしまうこともあります。

・通販の事例②
　商品購入ページに「○○人が買っています」と、一言加えるだけで購入者数が劇的に伸びた。

このケースは、もともと売れている商品の販売ページに、「○○人が買っています」という一言を加えました。つまり、その商品の価値をよくわかっている人にとって、バンドワゴン効果が、決め手の一言となったのです。

売れているものをさらに売りたいケースでは、社会的証明などのバンドワゴン効果は特に発揮します。

また、バンドワゴン効果と併せて覚えておきたい心理効果も解説します。

●スノッブ効果

他人と違ったものが欲しい、他人と差別化したい、優越感を得たい心理。高級品を販売するときに重要な心理効果で、希少性も大きく関与します。

●ウィンザー効果

第三者を介した情報を信じてしまう心理。わかりやすくいえば「クチコミ」です。ほとんどのお客さんが、売り手のメッセージではなく、消費者の意見を信じます。

売上が増える価格表示方法

　価格の見せ方は、広告のレスポンスに大きな影響をもたらします。

　なぜなら、お客さんが一番真剣になるときだから。ちょっとした価格表示の違いで「これはお買い得」と喜ぶか、「これって安いの？」と悩むかの違いになります。

　この2つの価格表示方法を理解しておきましょう。

◉① 大台割れ価格

　「980円」「1,980円」「19,800円」などの値付けを見たことはありませんか？

　これらは「大台割れ価格」と呼ばれます。「大台割れ価格」とは、値段の桁を1つ下げる、または、上位の桁（一番左の数字）を1つ下の数字にする手法。

「大台割れ価格」の表示例

・値段の桁を1つ下げる
例）定価1,000円 ⇒ 特価980円

・上位の桁（一番左の数字）を1つ下の数字にする
例）定価30,000円 ⇒ 特価29,800円

　数値の桁数や、上位の桁の数字が変わると、実際よりも大きな価格差を感じ、お得感がアップします。注意点としては、価格を下げ過ぎないこと。**商品価値を下げないためにも、大台割れ価格を使うときは、精一杯値引き**

した感が伝わるようにしてください。

　また、980円や2,980円など「8」を使うケースがよくみられますが、これは、日本人が「8」に末広がりのイメージを持つからと言われています。

◉② ジャストプライス価格

「500円」「3,000円」「10,000円」など、端数がなくキリのよい価格で表示する戦略です。ジャストプライス価格は、お得感を訴求する戦略ではありません。**狙いは、買い物をしやすくすること**。

　たとえば、全品3,000円のセール中の場合、いつもみたいに値段を気にせず、商品を選ぶことに集中でき、購入を決定するまでの時間が早まります。お得感の高いジャストプライス価格ならば「どれでも3,000円ならこの機会にあれもこれも買っておこう」というアクションも期待できます。100円ショップがわかりやすい例です。

　飲食やアパレル、雑貨などの店舗型ビジネスにおいて「ジャストプライス価格」はとても有効な価格戦略です。

心理テクニック⑩
1つの心理効果にまどわされない

　最後に、クイズをだします。次の事例ですが、どのような心理効果が働いたと思いますか？

　これまでに学んだ心理効果を使って説明してみましょう。

【問題】何の心理効果が使われている？

例）パン屋さん
陳列棚に「お一人様3個まで」と書かれた案内を貼りだすと、その日のうちに客単価が跳ね上がった。その理由は、以前よりもパンを3個買う人が増えたから。

この事例には、2つの心理効果が働いています。

・希少性の法則

「お一人様3個まで」という案内をみたお客さんは、「人気が高いから3個までしか買えない」「それなら3個買っておこう」と考えた。

・アンカリング

何個買うか決めていないお客さんにとって「お一人様3個まで」という案内が、無意識にアンカー（判断基準）として働いた。

　心理学の専門家がみれば、他にもいろんな理由を挙げるかもしれませんが、必ず理解していただきたいことがあります。それは、**心理効果は1つだけではなく、複数が同時に働くケースが多い**こと。

　もし、今後、何かの成功事例を目にすることがあったら、1つだけの心理効果に注目せず、複数の心理効果を探しましょう。成功事例を自分のビジネスに活かせるかどうかの違いになります。

10の心理テクニック

① 売りたい商品を売る「松竹梅の法則」

複数の料金が設定できる商品で、わざと3つの価格帯を作る戦略。

② いいねを増やす「返報性の原理」

お返しをしないとスッキリしない心理。

③ 好意と信頼を高める「ザイオンス効果」

接触回数が増えるほど、好感を抱きやすくなる心理。

④ 価格表示で欠かせない「アンカリング」

最初に印象付けられた数値が、その後の判断に影響する心理。

⑤ 価値が高まる「希少性の法則」

手に入りにくいものは価値が高いと思う心理。

⑥ あえて高くする「ウェブレン効果」

価格が高くなるほど価値を高く感じる効果。

⑦ 申込みを増やす「決定回避の法則」

選択肢を減らすか、買うべきものを教えて、申込みしやすくする。

⑧ 決め手になる「バンドワゴン効果」

人は多くの人から選ばれているものに価値を感じる。

19

⑨ 売上が増える価格表示方法

・大台割れ価格

値段の桁を1つ下げる、上位の桁（一番左の数字）を1つ下の数字にする。

・ジャストプライス価格

買い物をしやすくするために、端数がなくキリのよい価格で表示する。

⑩ 1つの心理効果にまどわされない

心理効果は1つだけではなく、複数が同時に働くケースが多い。

狙うべきは、大衆心理です。

いくつかの心理効果に対して「私なら違う反応をする」と思ったかもしれませんが、広告はあなたに対してするものではありません。あなた以外の多数に広告します。つまり、大多数の心理を理解することが重要です。

今回お伝えした心理効果は、すべて、有名な心理学者や行動経済学者が多くの実験を重ね、明らかにしてきた事実。ようは、客観的な「大衆心理」です。

「庶民の感覚を忘れるな」これは、広告の神様と呼ばれる「クロード・ホプキンス」の言葉です。

第**20**章

「WEB」と「紙媒体」
セールスコピーの違い

WEBと紙媒体で、
コピーは異なるべきか？

　WEBも紙もおなじコピーで問題ありません。

　反応が良いランディングページのコピーを、そのまま紙のDMに使って反応が得られることは多いですし、逆のパターンもあります。

　また、ランディングページのコピーを短く編集して、A4サイズのFAXDMに反映させることで反応が得られることもあります。

　WEBでも紙でも、訴求、キャッチコピー、ボディコピーなどの基本的な考え方はおなじ。媒体は違っても、言葉で何かを伝える本質は変わりません。売れるコピーは、あらゆる媒体で効力を発揮します。

> ただし、クリエイティブ全体の観点では、
> WEBと紙で次の3つの違いを理解しておく必要があります。

　それぞれ見ていきましょう。

WEBと紙媒体でわかっておくべき3つの違い
① レイアウトとデザイン
② EFO
③ バナー広告

レイアウトとデザインの違い

● WEBの場合

「スマホファースト」という言葉が業界で一般化しました。これは、広告

の文章やレイアウトを考えるとき、ＰＣよりスマホからのアクセスを優先せよ、という意味です。

　時代によって、アクセス比重の大きい端末は異なります。重要なのは、どんな時代でも広告が読まれやすい端末で、効果的に伝えられるレイアウトやデザインが求められる、ということ。

　たとえば、スマホの場合、小さな画面でも読みやすく、スクロールさせずに読み手を引き込むファーストインプレッションが重要。現代のWEBデザインでは、レスポンシブデザイン（ＰＣからでもスマホからでも、最適な表示を目指したデザイン）は欠かせません。

◉紙の場合

　紙媒体はWEBと異なり、スペースが限られています。そのため、レイアウトやデザインは簡単ではありません。

　一番良い方法は、腕の良いプロのデザイナーに任せることですが、自分でやらざるを得ないケースも多いでしょう。自分でデザインを考えるときの手順は、次のとおりです。

自分でデザインを考えるときの3ステップ
① Word などの文章作成ソフトで、コピーを先に完成。
② レイアウトを考える。
③ 最終的に装飾などのデザインを施してください。

　最初にレイアウトから考える方もいますが、それだと、制限をかけた状態で文章を考えることになり、コピーのクオリティが落ちます。

　なお、レイアウトについては、人気のある競合広告をマネするのが安全でしょう。

EFO

◉ WEB の場合

WEBで何かに申込むとき、こんな経験はありませんか？

・入力項目が多すぎて、面倒になった
・度重なる入力ミスで、イライラした
・入力方法がわかりにくい

　こういったストレスを1％でも下げるのが、EFO（エントリーフォーム最適化＝Entry Form Optimization）。入力の手間を極限まで省き、より短時間で正確に申込めるようにする手法です。

　広告では、申込みを面倒に感じて離脱するユーザーが多いため、非常に重要。今後、申込システムや決済手段の進化で大きく変わってしまう分野かもしれませんが、下記の基本はおさえておきましょう。

① レスポンシブデザインにする

　スマホで閲覧したとき、PC用のフォームが表示されるページを見かけます。これだと、入力欄が小さく見えて、お客さんが申込みを面倒に感じます。**端末によって適切な申込フォームが表示されるようにしてください。**

② 不要な項目は徹底削除

　入力項目が多すぎると、お客さんの多くが面倒に感じて離脱します。申込フォームでは、必要最低限の項目にしましょう。「名前のふりがな」「誕生日」「職業」「家族構成」「備考欄」「アンケート」など、申込みに不要な

項目がないか再確認してみてください。

　メールアドレス確認用項目も、ほとんどの人がコピペするので必要ありませんよね？　「この項目を増やそう」ではなく「この項目を減らそう」という考えを徹底しましょう。

③ 顧客情報の収集は2段階に分ける

　バースデーキャンペーンをするために誕生日項目が必要ならば、申込み後に収集すれば良いのです。初回の申込みでは最低限の情報を入力してもらい、その他の情報は申込み後に登録してもらう流れが重要です。

④ 「必須」を表示する

　名前や連絡先など、入力必須の項目では、入力欄の横に「必須」と表示しましょう。必須項目の記入モレによるエラー表示が続くと、その時点でお客さんは申込みを面倒に感じて離脱します。

⑤ 半角全角の指定をしない

　今では少なくなりましたが、「電話番号は半角」「住所は全角」のような指示を見かけます。住所の番地を全角で入力すること自体にストレスを感じますし、エラーの原因としても多いので、離脱原因として無視できません。

⑥ 住所の自動入力

　もはや、どの企業も取り組んでいるポピュラーな手法ですから、郵便番号を入力すると住所が自動的に入力されるようにしましょう。住所の入力はかなり面倒で、ユーザーストレスの高い作業です。

⑦ 不要なリンクを設置しない

　申込フォームに他商品やトップページなどへのリンクを入れると離脱が増えます。そのリンクを踏んだ後、申込フォームに戻ってこなくなるから

です。フォームでは、商品の申込みだけに集中してもらいましょう。

⑧ 既存顧客の入力をなくす

　アマゾンでは、一度買い物をすると次から個人情報を入力することなく、わずかな確認作業で購入できます。このお手軽さは、リピート購入を増やす上で欠かせません。

⑨ 申込みにかかる時間を教える

「登録10秒」「1分で申込完了」のように、フォームの目立つところへ、申込みにかかる時間を案内します。多くのお客さんは、申込みに時間をかけたくないと思いますので、そのストレスを軽減できます。ただし、**本当に短時間で申込みできる場合にのみ有効**です。

⑩ 記入例を表示する

　項目の横に何を入力すべきかの例を見せます。**例があると、お客さんは迷いなく入力でき、ミスも減らせます。**

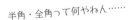

半角・全角って何やわん……

記入例の表示も離脱防止につながる

郵便番号【必須】　　[例]239-0806

都道府県【必須】　　[例]神奈川県

市区町村・番地【必須】　　[例]横須賀市池田町8丁目11-24

建物名・号室　　[例]ブンタビル401

お電話番号【必須】　　[例]0805403○○○○

I wanna rock and roll nite……
ふんふんふん♪

メイク落としなさいよ

●紙の場合

　WEBとは違い、紙媒体ではできることに限りがありますが、次のテクニックは知っておいて損はありません。

① 既存顧客向けのDM

　すでにお客さんの情報を知っているので、下記の例のように**顧客情報を印字した状態の申込用紙を同封するのがオススメ**です。

お名前:松本 留五郎 様	**TEL**:080-8022-○○	**FAX**:
〒556-0005		
住所:大阪市浪速区日本橋3-○-○　501号		
Email:tomegoro@daisho.com		
商品番号:SJK001	**商品名**:あなたの髪はきっと生える	
商品構成:DVD3枚組(収録時間:137分)+特典DVD1枚(収録時間:17分)		
価格:**16,980円**(税込18,678円)　**送料**:無料　**決済方法**:代金引換(手数料無料)		
保証:60日間返金保証	広告コード 0331	

② FAXDM

　顧客情報を取得できていない新規の見込客へのFAXDMでも、企業名、電話番号、FAX番号などの基本情報を印字済みにして送信できる配信業者があります。記入の手間が省けるので、レスポンスアップに役立ちます。

③ チラシ

　チラシの場合、電話申込みが一般的です。ただし、最近のユーザーはチラシで興味を持った後、WEBで詳細を調べてから申込みする人も多いので、ユーザーに見てもらいたいWEBへアクセスできるQRコードや、「詳しくは○○で検索」を掲載しておきましょう。

バナー広告

　バナーはWEBならではの広告です。いろんな形式がありますが、大きく見て、テキストバナーと画像バナーに分類できます。**テキストバナーでは、どの部分がキャッチコピーに該当するのかを把握**しておきましょう。一番目立つテキスト部分の良し悪しで、CTRが大きく変わります。

　画像バナーは、コピーよりも画像がCTRに影響します。バナーで使用するテキストや画像は、ターゲットタイプ別に考えてください。

【ターゲット別】バナー広告のテキスト・画像のポイント

ターゲットタイプ①を狙う場合
・テキスト…商品名と魅力的なオファー
・画像…魅力的な商品画像

- -

ターゲットタイプ②を狙う場合
・テキスト…商品名・魅力的なオファー・他との違い・
　　　　　　ベネフィットなど
・画像…魅力的な商品画像、またはベネフィットが伝わる画像
※タイプ②の欲求は振り幅が大きいため、いくつかの要素で広告テストが
　必要です。

- -

ターゲットタイプ③を狙う場合
・テキスト…ベネフィット、または興味関心だけを刺激するコピー
・画像…ベネフィットが伝わる画像、または興味関心だけを刺激す
　　　　る画像
※タイプ③向けのバナーは、少しでも売り込み感が伝わると無視されます。
　「何かおもしろそうな情報だな〜」と思わせるクリエイティブが必要です。

●バナーテキストは「ザイガニック効果」が命

　続きが知りたくなるコピーでなければクリックしてもらえません。ザイガニック効果の高い表現を心がけましょう。ターゲットタイプ①であっても、次のような表現が求められます。

例）学習塾
○○学院の夏期講習が無料
⇒　どうして、○○学院の夏期講習が無料なの？

衣装は楽天で購入

WEB も紙もセールスコピーの考え方はおなじ

・媒体が異なっても、言葉で何かを伝える本質は変わらない
・売れるコピーは、WEB 媒体、紙媒体を問わず反応が得られる
・ただし、WEB と紙媒体特有の違いは理解しておく

WEB と紙媒体の違い

① レイアウトとデザイン
② EFO
③ バナー広告

レイアウトとデザインの違い

・WEB では端末別に表示が適正化されるレスポンシブデザインが必須
・紙はスペースが限られるためレイアウトが重要。ただし、レイアウトから先に考えない。

EFO

WEB 申込みを、より短時間で正確に完了させる手法。

① レスポンシブデザインにする
② 不要な項目は徹底削除
③ 顧客情報の収集は 2 段階に分ける
④「必須」を表示する
⑤ 半角全角の指定をしない
⑥ 住所の自動入力
⑦ 不要なリンクを設置しない
⑧ 既存顧客の入力をなくす
⑨ 申込みにかかる時間を教える
⑩ 記入例を表示する

バナー広告

・テキストバナーでは、キャッチコピーに該当する部分を把握する
・画像バナーは、コピーよりも画像が CTR に影響する
・クリエイティブは、ターゲットタイプ別に考える
・バナーはザイガニック効果の高さが何よりも重要

5秒でわかる!
売れるコピーのコツ
100選

ツイッターなどの SNS で、売れるコピーのコツを大量に投稿してきました。その数は 1 年間で 200 を超えますが、その中から多くの共感や反響を呼んだものを 100 個厳選してお届けします。本編の表現と異なっているものもありますが、それぞれ 5 秒程度で理解できます。ちょっとした空き時間に読んでみてください。この本の復習にもなりますし、売れるコピーを書くための感性が磨かれます。

1. 五感に訴えよう

・コピー A「たくさん集客できます」
・コピー B「お申込みの電話が鳴りやみません」
A はベネフィットを言葉で語っただけ。B はベネフィットを視覚的にイメージできる表現。五感（視覚、聴覚、触覚、味覚、嗅覚）のいずれかに訴えるコピーは、ベネフィットがより魅力的に伝わる。

2. ターゲットを絞るのは近道

「ターゲットを絞ると客数が減る」と心配する人も多いけど大丈夫。もし、不特定多数から選ばれる商品なら、すでに死ぬほど売れている。なぜ、ターゲットを絞るのか？それは、あなたの良さを誰よりもわかってくれるのに、あなたのことを知らない人と出会うため。つまり、近道なんですよ。

3. 価格表示のテクニック

「1,000 円 → 980 円」のように、ちょっと値引きして、ひとケタ下の数字になるなら、やったほうがいい。ケタが変わると、わずかな値引きでも見た目の印象が大きく変わる。わずかな値引きが、ケタ違いの売上を生み出すこともある。「値引きは悪」と考える専門家も多いけど使い方次第。

4. おなじ意味でも 10 倍伝わる

リピート率 95％ って言うより、「10 人中 9 人がリピート」って言う方が、その価値が伝わるケースもある。おなじ意味でも "読み手が実感しやすいコトバ" に変えると 10 倍伝わる。

5. 予防商品を売るヒント

「どうしてこんなに悪くなるまで放置したの？」と、医者から怒られる親でも、わが子の健康を守りたいと強く願う。これが予防商品を売るヒント。「愛する者を守れるなら予防に大きな価値を感じる」ってこと。ターゲットを当人だけで考えると視野が狭くなる。

6. 正直な意見を聞く方法

制作物を他人にレビューしてもらうとき、「これどうかな？」と聞くのは NG。大体の人が気を使って「いいんじゃない」とウソを言う。しかし、2つの制作物を用意し「どっちがいい？」「理由も教えて」と聞くと、大体の人が正直な意見を言う。この方法は、いろんな場面で使える。

7. 何をどう書くのか？　ではダメ

「何をどう書くのか？」ではなく「誰に何を言うのか？」。この意味を正しく理解し、実践できれば、コピーのレスポンスは変わりはじめる。

8. たった1人を動かそう

結婚式のフィナーレをイメージして欲しい。新婦が親へ感謝の手紙を読み上げる。親族でなくても、自分の親や子への想いと重なり目頭が熱くなる。コピーライティングもおなじ。たった1人に向けられたコピーは、それに近い100人の心を強く打つ。万人ウケを狙ったコピーは、99人の頭上を通り過ぎる。

9. パクッたコピーの問題点

売れている他社のコピーをパクっても上手くいかない。なぜなら、コピーライティング以外のマーケティングやブランディング、オファー、商品力などが違うから。小手先の一部分をマネしても上手くいくはずがない。これに気づかなければ、永遠にゼロの世界をさまよう。

10. 商品認知度でコピーは変わる

おなじ商品でも、その商品がどれだけ知られているかで、売れるコピーは変わる。たとえば、「その商品がめちゃくちゃ欲しい人」には、良い条件を売るコピーが効く。「どれにしようかな？」「どうしようかな？」という人には、他との違いを売るコピーが効く。「商品のことは知らないけど何か良い方法ないかな？」という人には、優れた解決法を売るコピーが効く。

11. 文章力や表現力だけでは売れない

文章力や表現力だけで売ろうとすると失敗する。お客さんは、すぐれた文章にお金を払いたいのではない。お客さんは「すぐれた提案」にお金を払いたいと思う。文章力や表現力に興奮するのは同業者だけ。まずは、お客さんが無視できない「すぐれた提案」を考えよう。

12. ベネフィットを量産する思考法

ベネフィットとは、商品やサービスから得られる嬉しい未来のこと。ベネフィットを伝えないコピーは、何も売らないコピーにひとしい。コピーではベネフィットをたくさん伝えよう。もし、ベネフィットが思い浮かばずに悩んだら、商品の特徴やメリットに「ということはつまり？」「なぜそれが必要なの？」と質問を続けてほしい。それだけで、大量のベネフィットが見つかる。

13. 消費行動をふり返ろう

「お客さんの声って必要？」という質問を複数にアンケートすると、不要・必要の回答は半々だった。おどろいた。ほとんどの人が、アマゾンレビューを読んだ経験があるのに…。考え過ぎは危険信号。自らの消費行動をふり返れば、広告に必要なことが見えてくる。

14. 心理テクニックの落とし穴①

「読まないでください」と伝えた方が読まれる。これは「カリギュラ効果」という心理テクニック。たしかに、禁止命令は注目を集める。でも、その後の1行で読み手が興味を持つ提案を語らなければ、本当に読まれなくなる。小手先の心理テクニックだけで売れるコピーは書けない。

15. 心理テクニックの落とし穴②

「どうしますか？」ではなく「どちらにしますか？」と聞いた方が売れる。「買う・買わないの心理」が「選ぶ・検討の心理」に変わるから。有名なクロージング技術だが、実際どうだろう？　欲しくないモノを並べられても「どれにしようかな？」とは思わないよね。心理テクニックを安易に活用すると痛い目を見る。

16. 売れる前には臭いがする

コピーライターの友人とよく話すことだけど、売れる商品ってコピーを書く前から強烈な臭いをプンプン放っている。臭いの元はよくわからないけどね。1つだけ挙げるなら、その商品の後ろに「ワクワク笑顔の行列」がイメージできるかどうか。

17. 庶民の感覚を忘れるな

10年以上前の話。ある広告で返金時の振込手数料735円を0円にしたら、レスポンスが2倍（CVR7%→14%）になった。ターゲットはクリニックの院長（富裕層）。お金持ちの彼らでさえ735円を惜しむ人が多い。「庶民の感覚を忘れるな」、これは伝説のコピーライター「クロード・ホプキンス」の重要な教え。

18. 余すことなく伝える

23年ぶりにヤングギター（ギター愛好家向けの雑誌）を買った。たった6ページの楽譜を読むためだけに買った。つまり、たった6ページに1,000円を払ったようなもの。実はこの現象、広告ではよくあること。お客さんは、些細なところに強い興味を抱き、購入することがある。商品について余すことなく伝えていますか？

19. ベネフィットが見えるか?

僕は根っからのアナログ人間。自宅にパソコンがない。ネット回線も引いてなかったが、今年から Softbank Air を置き、ほぼ毎日 Fire を起動している。理由は、息子と僕が仮面ライダーにハマったから。魅力的なベネフィット（本当に欲しい物）が見えたら、腰の重い人でも動かざるを得ない。

20. 100人の売れない理由

数年前に1年で108人を無料コンサルする荒業をした。ほぼ全員が「どう書けば売れますか?」と聞いてきた。でも、ほとんどの人は文章表現に問題なし。上手く行かない原因の99パーセントは「売れる提案」がないから。コピーライティングはそれを考える仕事。「考える8割」「書く2割」で取り組もう。

21. 弱みが強みになるケース

売り手が「これぞ強み」と信じていることは、必ずしも選ばれる理由ではない。ときには「弱みが強み」になることもある。週末の繁華街で、1秒でも早くビールを飲みたい人が、混んでない居酒屋を探す理由を考えよう。「客が少ない」→「すぐにご案内できます」という転換が見える。

22. 同業からのクレームは歓迎

同業からクレームが入るコピーは悪くない。そういった広告の方がレスポンス率は高い。不動産売却の高値預かりのように、業界が世間に隠したいことをズバッと語り「私たちはそれをしません」と伝えた方が関心を持ってもらえる。もちろん語る内容は事実であるべき。

23. どうしても売れないなら?

「どうしても売れない」と悩んだとき、コピーライティングやマーケティングを強化する前にやるべきことがある。それは「他社より劣る点」をすべて素直に認めること。もし、1つも見つからないなら? それは慢心ではなく「リサーチ不足」。知るべきことを知らないだけ。

24. ドタキャン返金保証から学ぶこと

5年ほど前、セミナー集客のコピーを書くことになった。かなり気合を入れたのに、まったく反応がなかった。しかし「ドタキャン返金保証」をつけたらすぐに満席。この件から気づくべきことがある。それは、返金保証の効果ではない。レスポンスを下げていた真の原因が、セミナー日時にあったこと。広告効果から真実を分析するのはとても大切。

25. ネットリサーチの落とし穴

コピーライティングでリサーチは重要。ネットリサーチがメインになると思うけど、気を付けたいのが「確証バイアス」。「確証バイアス」とは、信じたいものを裏付けるために情報収集する習性のこと。ネットリサーチは多くの情報が得られる反面、「確証バイアスの沼」にハマる危険性も高い。

26. 良い表現はシンプル

お客さんは、すばらしい文章表現や、美しく鮮やかなデザインに感動してお金を払うのではない。欲しいもの(ベネフィット)を得るためにお金を払う。すばらしいコピーライターやデザイナーは、ベネフィットを魅力的に表現する。そして、その表現は、おどろくほどシンプルな場合が多い。

27. コピーの強さランキング

99位　自慢話
4位　伝える言葉
3位　知りたくなる言葉
2位　忘れられない言葉
1位　誰かに伝えたくなる言葉

セールスコピーは3位か2位を狙えばOKだが、SNSでバズるには1位を狙う必要がある。これは非常に難しい。

28. 新しいアイデアに気づく方法

「ご存知でしたか？」「実はこんな方法があるんです」という切り口でコピーを考えると、新しいアイデアに出会うことがある。そのアイデアは、これまでに気づかなかった新しいターゲットを教えてくれることもある。「こんな方法」は「こんな使い方」に変えても OK。

29. 2文字で変わる伝え方

コミュニケーションの講師が言うには、「彼に伝えましたか？」って聞くより、「彼に伝わりましたか？」って聞いた方が、連絡ミスが減るらしい。たった2文字の違いだけど、後者は、相手に考えさせる言葉。これは、コピーライティングにおいても重要な考え方。

30. ブランディング、ポジショニング、マーケティング

この3つは理解が難しい用語だけど、シンプルに解説するとこうなる。

・ブランディング
⇒「○○と言えば？」と聞かれたとき、商品の固有名詞がでることを目指す活動

・ポジショニング
⇒ ブランディングに必要な差別化

・マーケティング
⇒ 売るのではなく、求める人を増やすこと

31. 名前をデカく載せるな

商品名、会社名をキャッチコピーにドドーン！！　と載せてよいのは下記のケース。

① その商品を買う気マンマンの人がたくさんいる
② または目の前にいる（指名検索など）

③ その名を認知させるためのイメージ広告

なんとなく名前を大きく表示するのは失敗のもと。まずは、ベネフィットを伝えよう。

32. たった4文字で売上増加

一番売りたい商品に「オススメ」と書くだけで売上が伸びる事例は多い。どれにしようか迷った結果、買わないお客さんが反応するようになり、場合によっては、他商品を選んだお客さんの「ついで買い」も増えるから。ただし、それなりに売れており、それほど高くない商品であること。

33. 何でもいいから1番を探す

「日本で一番高い山は？」と聞かれると、誰もが「富士山」と答える。「2番目に高い山は？」と聞かれると、ほとんどの人が答えられない。ナンバーワン、オンリーワン要素は認知において重要。小さなことでも徹底的に探す価値がある。

34. サクサク書ける3つの質問

① なぜ、その商品が必要なの？
② なぜ、その商品じゃないとダメなの？
③ なぜ、今すぐ買った方がいいの？

もし、1分以内にスラスラ回答できたら、コピーはサクサク書けてしまう。少しでも言葉に詰まったなら、書く前の「考える仕事」に何かの問題を抱えている証拠。

35.「直感」を舐めてはいけない

ときには「直感」に頼ることも重要。経験と知識が備わった人の「直感」は、最短でベストな答えをだすことがある。だから、広告の素人であっても、クライアント（売り手）の直感を無視するのは危険。彼らは、その業界、その商品、お客さんについて多くのことをわかっている。売り手目線っていうのも大切。

36.「？」に変えれば読まれる

「！」が似合うキャッチコピーは良くないと言われる。メガホンで叫ばれたら耳を塞ぎたくなるからね。「？」で終わる表現に変えれば、まだ少しは読まれる。「これめっちゃスゲーぞ！」→「なんでスゴイか知りたい？」みたいな感じ。伝える言葉ではなく、知りたくなる言葉ってこと。

37. なぜ、「3つの理由」なのか？

人は「3」という数字に安定を感じる。三脚のように、物理的な支えが3本あれば立つことを知っているから。よく見かける「3つの理由」ってコピーは、こういった心理効果を狙っている。「じゃぁ4つ以上の理由はどうなの？」と思うかもしれないが、理由が多すぎると言い訳にしか聞こえない。

38. 競合広告のリサーチ方法

競合広告を調べるとき、コピーやデザインなどを隅々までチェックしない。

・ターゲット設定
・メインのベネフィット
・オファー

を洗い出して整理し、差別化のヒントを探す。各社のクリエイティブばかりに気をとられていると大切なことを見落とす。

39. キャッチのテンプレは心理効果とセットで覚える

キャッチコピーのテンプレートを、穴埋め作業として使うのはもったいない。心理効果とセットで理解すれば、10倍使いこなせる。

・「○○のあなたへ」⇒ カクテルパーティー効果
・「○○は○○するな」⇒ カリギュラ効果
・「なぜ、○○なのか？」⇒ ザイガニック効果
・「もしかして○○ですか？」⇒ バーナム効果

40. コピーを良くする 11 のチェックリスト

書きあげたコピーをブラッシュアップするとき、このチェックリストを使えば 2 倍伝わる。

① 重複ワードを別の表現に
② 具体的に語る、でも↓
③ ギリギリまで不要なコトバを省く
④ 漢字 30％、ひらがな 70％
⑤ 数字で表現
⑥ ムダな形容詞カット
⑦ 長文は短文に分割
⑧ 理由は 3 つまで
⑨ 語尾がおなじ文は 3 回まで
⑩ 小見出しの流し読みで意味がわかる
⑪ シンプルに

41. 難しいことを、わかりやすく伝える方法

難しいことを、わかりやすく伝えるには？

① 商品名を消す
② 特徴や機能、メリットを消す
③ そして「嬉しい未来」だけを語る

たとえばこんな感じ↓

※歯をほとんど削らずに、虫歯をミネラルで殺菌するアメリカの新しい歯科治療ドックベストセメント →「痛くないむし歯治療」

42. 最後まで読んでもらう方法

最後まで読む人を増やしたい…。そんなときは「穴を空ける」。読み手の知識、常識、価値観にズボッと穴を空ける。すると、多くの読み手が穴を埋めたくてウズウズしちゃう。これがザイガニック効果。もちろん、書き手には、空けた穴を美しく埋める責任がある。

43. 売れるキャッチコピー9つのチェックリスト

キャッチコピーを見直すとき、このチェックリストを使えば2倍読んでもらえる。

① 1人に向けて書いているか？

② すぐれた提案はあるか？

③ ベネフィットをイメージできるか？

④ 意外性は？

⑤ パッと見て3秒で伝わるか？

⑥ ！ではなく？が似合う表現か？

⑦ 続きが気になるか？

⑧ 社名や商品名は本当に必要か？

⑨ 忘れられない一言はあるか？

44. 数字を使った表現は強い

数字を使いこなすと、伝えたいことを一瞬でイメージしてもらえる。

・「とても大きな国」⇒「日本の10倍大きい国」

・「予約がとれない」⇒「3ヶ月予約待ち」

・「リピーター続出」⇒「10人中9人がリピート」

コツは、なるべく具体的な数字にすること。読み手が価値を感じられる数字にすること。

45. ベネフィットファーストの文章術

・「こんな特徴がある」＋「だからこんな嬉しい未来が手に入る」

・「こんな嬉しい未来が手に入る」＋「なぜならこんな特徴があるから」

このいずれかの順序を意識して書くだけで、あなたの書いたコピーは読まれる。理由は、読み手が求めるベネフィット（嬉しい未来）を主人公にしているから。

46. ベネフィットファーストの文章構成

この流れで文章を考えると、それなりのセールスコピーになる。

① どんな人が、どうなるのか？
⇒嬉しい未来を魅力的に語る

② それが叶う理由とは？
⇒特徴やメリット、価値を証拠として語る

③ 最高の答えとは？
⇒他ではなくこの商品がベストな理由

47. なぜ、コピーが書けないのか？

「コピーが書けない」と悩んだら、自分自身にこの質問をしてみよう。

・私は、誰に何を伝えたいのか？

・なぜ、それを伝えたいのか？

コピーが書けない本当の理由に気づける。

48. 本当のターゲットを見抜く

桃太郎の絵本、主役は誰だろう？　「桃太郎」と答える人は一般の方々。「読者」と答える人はひねくれもの。ちなみに、セールスコピーを勉強した人は「わが子に読み聞かせたい親」とガチで答える。「誰が買うのか？」という視点で、ものごとを考えるようになるから。

49.「良さ」をハッキリと伝える

たくさんの時間とお金をかけて有名な会社が作った風邪薬でも、「喉の痛みに効く」と伝えなければ「喉が痛い人」からは選ばれない。良さを伝えるのに遠慮は不要。

50. デメリットを強みに変える方法

「デメリット」を強みに変えるには、どうすればよいのか？　いろんな方法があるけど、そのデメリットを「ちょうどよく感じる人」を探すのはアイデアの1つ。スーパーでは売り物にならない真っ黒に熟したバナナでも、砂糖不使用の甘いバナナケーキを作りたい人からすると、ちょうどよい塩梅ってこと。

51. 書かなければ気づけないヒント

コピーを書く手が止まったとき、本当に調べるべきことが「目の前にある」。型にハマったリサーチでは気づけないヒントが目の前に転がっている。あるていど仕事を進めてから、はじめて気づくことも多い。だから「まずは書いてみる」のも1つの方法。

52.「売りたいモノ」と「欲しいモノ」は異なる

外壁塗装会社からのご相談。「3社しか扱ってない塗料だけどキャッチコピーで伝えるべき？」読み手が塗装業者なら興味をもつかもしれない。でも、読み手が壁をキレイにしたい家主だったらどうだろう？　3社限定の塗料なんてどうでもよい話。伝えるべきことは他にある。「売りたいモノ」と「欲しいモノ」は、けっこう違う。

53. 意外な情報で価値を高める

衝撃的な話をしよう。実は、あなたのお家の庭や近所の公園に、エビやカニとおなじ甲殻類が 100 匹以上いる。しかも、その生物は…

・地上に生きる「甲殻類」
・どこでもいるけどヨーロッパの外来種
・明治に日本へ来たらしい
・2 〜 4 年は生きる
・あなたも触ったことが必ずある
・子どもに大人気
・彼らが主役の絵本は数えきれない

答えは「ダンゴムシ」。「なーんだ」と思ったかもしれないが、今この時点であなたは「ダンゴムシ」について、以前よりも価値を感じているはず。意外な情報は価値を高める。

54. ペルソナから考えると失敗する

多くの専門家が「コピーはペルソナが大切」と叫んでいるがちょっと待って！まずは、この 3 タイプのターゲット像を明らかにして、どこで勝負すべきかを見極めよう。ズレたターゲット像を作り込んでしまう前に。

タイプ① その商品がとても欲しい人
タイプ② 検討中の人
タイプ③ 商品は知らないけどベネフィットは必要

55. 欠点を隠すとお客さんが離れる

バカ売れしそうな商品のコピーを書くことになったら？　まずは、欠点を探すこと。なぜなら、お客さんが最初に気づくことだから。購入意欲が高いお客さんほどそれに気づく。欠点と向き合わないセールスコピーは、自慢話ばかりする営業マン。ようするに信用されない。

56. 文章のリズム感を改善する方法

「です」「ます」のような「す」で終わる文章。「でした」「ました」のような「た」で終わる文章。他にもいろんな終わり方があるけど、文末の文字がおなじ文章は、連続3回まででやめるのがオススメ。そうするとリズム感がアップして、ちょっと読みやすくなる。

57. 心の声でキャッチコピーを強化する方法

キャッチコピーを強烈にする、ちょっとした小ワザがある。それは「心の声を表現する方法」。たとえば、スタッフ研修を、歯科医院の院長に売るコピーならこんな感じ。

※ビフォー
スタッフのパフォーマンス、モチベーションにお悩みの院長へ

※アフター
「給料を払ってるんだからちゃんと仕事しろ」とお悩みの院長へ

58. 1文字もムダにしない

極端な例だけど、「売上がアップする!　売れるブログの作り方」みたいなコピーをよく見る。類似するコトバが2つあったら、どちらかを別の表現にすると情報の価値が高まる。

※ビフォー
売上がアップする!　売れるブログの作り方

※アフター
売上がアップする!　ちょっとズルいブログの作り方

59. 読み手の不安を取り除くワンフレーズ

コンサルとか、不動産とか、保険とか、リフォームとか、問合せたら、ほぼ確実に営

業される業種の場合、コピーにはこの一文が欠かせない。

※弊社はお客様に不快を与えるような、しつこい勧誘や営業は一切いたしません

お試し商品を売るコピーもそうだけど、読み手の不安が軽減して反応が少し変わる。

60. 社名もコピーライティングの一部

キャッチコピーの後、意外に読まれるのが社名。「どこの誰だよ」と思われるから。自社のサービスやベネフィットが伝わる社名ならベストだが、もし、そうでない場合、社名の手前に何者かがわかる一文を入れよう。

・ハウスクリーニングなら　おうちピカピカ株式会社
・外壁塗装なら　おうちピカピカ株式会社

61. その一文を何のために書くのか？

キャッチコピーの役割は、読み手の注意を一発で掴み、続きを読みたくさせること。言われたらすぐに納得できるけど理解が曖昧な人は多い。売れるコピーが書けない理由はまさにココ。目的が曖昧な状態で書きはじめている。その一文を何のために書くのか？　しっかり考えよう。

62.「安かろう、悪かろう」を払拭するワンフレーズ

コンビニで酒のアテを探していたら、大量のチータラが安く売っていた。商品を手に取ると、パッケージにはこんなコピーが書いていた。

※チータラをカットする際に出る不揃いなものが入っていますが、おいしさは変わらないお得な商品です。

安売りする場合、このようなコピーがあれば「安かろう、悪かろう」を払拭できる。

63. 価格表記もコピーライティングの一部

「○円割引」「○％オフ」というコピーをよくみるけど残念。そもそも、割引前の値段を知らないケースが多いから。せっかく割引をするならば、何円のものがどれだけ安くなったかを伝えた方がよい。料金が認知されていない商品ならば特に重要。

64. ストーリーは伝わりやすく記憶に残る

幼児に「仲間と力を合わせて目標達成するすばらしさ」を説明できるだろうか？　かなり難しいと思う。では「桃太郎」を語るのはどうだろう？　夢中で大切なことを学ぶ子どもの姿が想像できるはず。また、手元に絵本がなくても、物語の内容は大体覚えているはず。これがストーリーの力。ストーリーは、伝わりやすく記憶に残りやすい。

65. コピーやマーケは我慢大会

コピーライティングやマーケティングは、いきなり一発当てるための技術ではない。ダメな原因を探り、その改善策を考えるためにある。つまり、腰を据えて取り組まないと売れない世界をグルグル回り続ける。成功しているクライアントは、みんな我慢強かった。

66. 売れない状況に突破口を開く７つの質問

どうしても売れないなら？　この７つの質問に取り組めば、突破口が見つかりやすい。上手くハマれば、売上がひとケタ変わることもある。

① 男性だけ？　女性だけ？

② 本人だけ？

③ 他の年齢層は？

④ これ以外の使用用途は？

⑤ その業種だけ？

⑥ BtoC だけ？ BtoB だけ？

⑦ デメリットをちょうど良く感じる人は？

67. 読み手の価値観に便乗しよう

人の心は簡単に変わらない。どれだけ良い提案でも今を変えたくない気持ちが勝る。だから、読み手の確信に便乗したメッセージが効く。彼らがすでに経験していること、正しいと信じていることに乗っかる。そして、今より少し前進できる方法として魅力的に伝える。「頭ごなし」ではなく「寄り添うメッセージ」ということ。

68. その先がどうしても書けない本当の理由

コピーを書き進めると途中で手が止まってしまうことは多い。その原因の多くは、構成の甘さにある。しかし、情報不足も無視できない。「良いアイデアがでない」ってわけじゃなくて、知らないことは書けなくて当然。

69. 売れるストーリーはV字型

あなたが好きな映画やマンガ、この構成になっていませんか？

① 日常 → 問題発生
② どん底 → 乗り越える
③ 成功

これは「V字型のストーリー構成」。ハリウッド映画のほとんどは、この構成に基づいているらしいが、V字型のストーリーは広告効果を高める。感情が動かされ記憶に残る構成だから。ツイッターのプロフィールや経歴ツイートでもこの感じ、よく見るでしょ。

70. 読み手が使う言葉で表現しよう

コピーはわかりやすさが大切。でも、ターゲットが日常で使う専門用語はそのまま書いた方が伝わる。たとえば、ターゲットが歯科医師なら「入れ歯 ⇒ 義歯」。美容師なら「ハサミ ⇒ シザー」、「クシ ⇒ コーム」。専門的な商品を売る場合は、特に重要。業界をわかってない人からのメッセージは信用されない。

71. キャッチコピーを探せ！

これらの共通点わかる？

① メール ⇒ 件名
② ブログ ⇒ タイトル
③ YouTube ⇒ タイトル or サムネイル

答え「最初に見られるコピー」。つまり、キャッチコピーのこと。どんな媒体にもキャッチコピーがある。その場所を見極めて一番こだわること。お客さんはキャッチコピーを見て、読むかどうかを数秒で判断するから。

72. 読み手の本音を見破れ

「なんでいつもビッグマックなの？」と聞かれたら「ビッグマックソースが最高にウマいから」とウソを言う。本当の理由は「デカいから」。でも、恥ずかしくて言えない。「だから太ってるんだよ」と思われるのがイヤで言えない。このように、お客さんは本音を語らず、もっともらしい理由を美しく述べる。彼らを動かしたければ本音を見破ろう。

73. 売れるセールスコピーの型

どれだけ長いコピーでも、この型を覚えておけば迷わない。

① キャッチコピー（読み手の注意を秒で掴む）
② リードコピー（読む気マンマンにさせる）
③ ボディコピー（ベネフィットが叶う理由を語る）
④ クロージングコピー（今すぐ申込むべき理由を語る）
⑤ レスポンスデバイス（申込方法は徹底して簡便に）

74. 欲しい人へ、欲しいものを売る思考法

ベネフィットがわからないのは、読み手のことをわかってないから。読み手のことが

わからないのは、ターゲットを絞り込めてないから。ターゲットを絞り込めないのは、買わない人にも売ろうとしているから。つまり、欲を捨てた方が売れるコピーに近づける。欲しい人へ、欲しいものを売ることができる。

75. 長いコピーを書くコツ

長いコピーを書くのは難しい。多くの人が支離滅裂になったり、書く手が止まったり悩んでしまう。でも「読み手に取ってもらいたい反応の順序」を先に考えると書きやすくなるし、説得力も高まる。たとえば、こんな感じで…

① その話、気になるね
② うんうん、そうだよね
③ え？　どういうこと？
④ なるほど！
⑤ それなら買ってみようかな

76. 続きが気になるコピーとは？

続きが気になるコピーはどっち？

キャッチＡ　「東大に合格しました」
キャッチＢ　「なんで、私が東大に？」

いうまでもなくＢ。Ｂは有名予備校の広告で使われたキャッチコピー。「なぜ」「どうして」「理由」この３つを使いこなせるとキャッチコピーが「もっと読まれる表現」に変わる。

77. 反応がアップする一言

たった一言で反応がアップするコトバはないか？「そんなものはない！」と豪語したいけど、これまでの経験上「○名様限定」「○で終了」のような緊急性や希少性をアピールするコピーは、すぐに効果がでる。「興味はあるけどまた今度でいいか」となる人がめちゃくちゃ多いってこと。

78. お客さんはこうやって読む

お客さんは、広告をどのように読むのか？

A「最初から最後までじっくり読む」
B「サーッと見て、気になる部分を拾い読む」

大体の人がB。つまり、買うために必要な情報は漏れなく書く。あとは、お客さんが自分に必要な情報を拾い読み、決断してくれる。だからセールスコピーの文章量は多くなる。

79. 失わない方法を語る

このギャンブルに参加できる？　コインを投げて表がでたら1万円もらえて、裏がでたら5,000円を払う。勝ったときの報酬は2倍なのに、ほとんどの人が参加しないらしい。これは有名な心理実験の結果だけど、人は獲得の喜びより損失の痛みを2〜4倍強く感じる。つまり「得る方法」だけではなく「失わない方法」を語るコピーも強い。

80. 小見出しは第2のキャッチコピー

LPでもブログでもチラシでも「小見出し」はとても大切。良いコピーは「小見出し」をパッと見ただけで、その広告が読む価値に値することを伝える。つまり、ただの要約ではダメ。ベネフィットが感じられ、続きが知りたくなる小見出しが欲しい。小見出しは第2のキャッチコピー。

81. 読み手に頭を使わせない

コピーの添削をするたびに強く思うけど「難しい表現は絶対ダメ」。みんな広告を読むのに頭を使いたくない。これまでいろんなコピーを書いてきた。医者が対象の医療技術セミナー広告でも、専門用語以外は、わかりやすく書いた方が反応はよかった。「12歳でもわかる表現にしよう」ってよく聞くけどほんと大切。

82. わかりやすく伝える方法

わかりやすく伝えるには？

① 12歳でもわかる表現
② 具体的に語る
③ 不要なコトバを省く
④ 漢字30％、ひらがな70％
⑤ 数字で表現
⑥ ムダな形容詞カット
⑦ 長文は短文に分割

など色々あるけど、まずは、魅力的なベネフィットを語ること。これがないと読む価値を感じられず、わかろうとしない。「わかりやすい」の前に「わかりたい！」という感情を芽生えさせることが、何よりも大切。

83. 具体化＋アホ化＝わかりやすい

難しいコトバは、具体化してからアホっぽい表現にするとわかりやすくなる。

たとえば「算定基礎届」ならこんな感じ↓↓↓

① 具体化
⇒「毎月支払う社会保険料や、将来もらえる年金を計算するためにだす書類」

② アホ化
⇒「バカ高い社会保険料や、将来もらえる年金をミスらないための書類」

84. ペルソナ作りのコツ

ペルソナとは、理想とする顧客像のこと。多くの会社が頑張ってペルソナを考えているけど要注意。ペルソナは大量の項目を埋めるだけで完成しない。重要なのは、目を閉じてターゲット像をイメージしたとき、その人の声が聞こえるか？　表情が見えるか？　その人が頭の中で動きはじめたらOK。ちなみに、ペルソナにそれっぽい名前をつけると、いっきに動きだすことがある。名前はイメージの塊。

85. キャッチコピーテストの大原則

それなりに反応がある広告なら？　キャッチコピーのテストは1つの要素だけを変えること。差がでたとき原因がわからなくなるから。

【A】真冬でもジワッと汗ばむインナー
【B】真冬でもポカポカ嬉しいインナー

ちなみにまったく反応がない広告だと、このテストは意味がないので要注意。

86. パッと見て価値が伝わる書き方

ベネフィットをタイトルにして、特徴を箇条書きにするとパッと見て価値が伝わりやすい。

※虫歯をミネラルで殺菌するアメリカの新しい歯科治療。歯をほとんど削らないから痛くない

↓↓↓

「痛くないむし歯治療」
・歯をほとんど削らない
・虫歯をミネラルで殺菌
・アメリカの新しい歯科治療

87. 違う角度から見る

小学生のころ、どうしても書けなかった読書感想文。「あなたが好きな本をクラスのみんなが興味を持つよう全力でPRしてください」という課題にしたら、何とかなっていたかもしれないし、将来役立つスキルが伸びそうだね。どうしても売れないときは、違う角度から考えてみよう。

88. 画像下のコピーは読まれる

画像の下に入れる文章をキャプションと呼ぶ。この部分は、かなりの確率で読まれる。あなたは何を書く？　間違えても画像の説明を書いてはならない。広告本文に引きずり込むコトバを書く。その文章は、次の文章を読ませるために存在する。

89. リサーチに必要なこと

わが子にお受験をさせる気なんてない。何でもいいから熱中できることを1つ見つけて、仲間とバカをやりながらノビノビ育ってほしい。そう願う僕でも100軒以上の学習塾の集客を成功させてきた。これを可能にするのはリサーチ。リサーチでは、自分が持たない価値観をわかろうとする姿勢が何よりも重要。

90. キモいラブレターでいいの？

「コピーはラブレターのように書け」と言われることもあるが、ラブレターの大半はちょっと気持ち悪い。「じゃあ気持ち悪く書けば良いの？」って話ではない。ラブレターは、気になる相手からもらえると嬉しい。つまり、熱いメッセージを送る前の関係作りが重要。

91. 売り手の頭の中に正解は無い

キャッチコピーにこのコトバはあった方が良いのか？　アイキャッチ画像はあった方が良いのか？　申込ボタンはヘッダーにあった方が良いのか？　という質問そのものが間違えていて、それが有る無いをテストするのが正解。本には書いていない意外な結果がでることもある。

92. 命令よりもお願い

わが子を叱るとき、「親の言うことは聞きなさい」よりも「お父さんを信頼してほしい」と伝えた方が効果的だった。年齢・性別問わず、人は「命令」を嫌がるけど「お願い」ならば聞く耳を持ってくれる。

93. 売り込むのではなく、求められるコピーを

「売るぞー！」って気持ちになったら、まずは肩の力を抜く。そしてコーヒーでも飲みながらこう考える。

「どんな人が欲しがるかな？」
「何を言えば振り向いてくれるかな？」

読み手目線のコピーが書けるようになる。売り込むのではなく、求められるコピーが書けるようになる。

94. 読まれるコピーとは？

商品の良さを語るのではなく、読み手の欲求が叶う方法を教える。この発想で考えたコピーは読んでもらえる。

95. 説得が失敗する理由

上手に説得しようとするほど読み手は興味を失う。重要なのは、読み手に気づかせること。その欲求が満たされない原因に気づかせる。それを満たすために必要なことに気づかせる。もっとも賢い方法に気づかせる。他人を変えることはできない。自分で変わろうとするきっかけしか与えられない。

96. 売れるコピーを書くコツ

ほとんどの人は、この３つを正しく実践するだけで今よりも売れるコピーが書けるようになる。

① ターゲットを絞る

② 彼らが求めることを知る

③ それが叶う理由を魅力的に語る

97. 売れるコピー3原則

① ベネフィットを伝える

お客さんは商品から得られる嬉しい未来（ベネフィット）にお金を払う。

② ターゲットを絞る

読み手を具体化しなければ、彼らが求めるベネフィットはわからない。

③ 問いかける

他人は変えられない。自ら気づき行動できるよう問いかける。

98. 普通のコピーと売れるコピーの違い

普通のコピーは、最初に商品を伝え、その良さを語っている。つまり、商品に強い興味を持つ人しか読まない。売れるコピーは、最初にベネフィット（手に入る嬉しい未来）を伝え、それが叶う理由を教えている。だからたくさんの人に読んでもらえる。

99. キャッチコピーがすべてのきっかけ

お客さんは広告を

① 読まない

② 信じない

③ 行動しない（買わない）

これは広告界の偉人マックスウェル・サックハイムが唱えた不朽の3原則だけど、①を突破しなければ②も③もない。だからキャッチコピーが重要。「読んでみよう」と思わせる最初の一言がなければ何も生み出さない。

100. セールスコピーとは何か？

勘違いしないで。セールスコピーは、売るためにウソをつく技術じゃない。どんな商品でも、それを強く求める人はどこかにいる。そういった人を探し、彼らの心を動かす提案を考え、それを魅力的に語る技術がセールスコピー。ウソにまみれた文章で売る方法ではなく、欲しい人へ欲しいものを売る方法。

読者のみなさん、ぶ厚い専門書なのに最後までお付き合いいただき、本当にありがとうございました。

ここで、冒頭の「ワーク」に戻ってください。もうあなたは、「訴求」「表現法」を筆頭にしたセールスコピーの基本が、すでに理解できているはず。

いかがでしょうか？　新しい世界が広がっていると感じませんか？　今の自分なら、「黒いバナナ」でも、売れると思えませんか？

どんな商品やサービスにも、「強み」はあります。この本が、その可能性を探求する「武器」になることを祈って、筆をおきたいと思います。

おわりに ──「儲ける」から「生き残る」ための文章術 へ

　新型コロナウィルスにより、人々の働き方は大きく変化しはじめました。従来のビジネスのやり方を変えなければならない業種も増えています。特に、非対面・非接触からの収益アップは、多くの業種で課題となっています。そこで欠かせないのが「言葉の強さ」です。

　私が運営するオンラインサロンでも、デリバリーチラシを成功させたい、教室ビジネスをオンライン化したい、WEBからの売上を増やしたいなど、コロナ禍を乗り切るために、セールスコピーライティングを学ぶ人が増えました。

　そして、彼らの多くは、はじめて学ぶセールスコピーによって新境地を切り開くことに成功しています。セールスコピーライティングは、非対面、非接触のビジネスにおいて、欠かせないスキルの１つになったのではないでしょうか。

　このような変化を目の当たりにして、確信していることがあります。セールスコピーライティングは、儲ける技術ではなく、生き残るための技術になったのだと。大変な時代になりましたが、一人でも多くの方がセールスコピーライティングを使って新境地を切り開き、幸せを掴むことを願っています。

　最後に、ひとことだけ言わせてください。あなたの商品はしょうもなくない。上手くいかないのは、その良さを誰よりもわかってくれる人に出会っていないから。すばらしいセールスコピーは、彼らをあなたの元へ連れてくるのです。

セールスコピーライター　大橋 一慶

大橋 一慶（おおはし・かずよし）

◎セールスコピーライター、レスポンスアップの"鬼"、「売れるコトバ作り」の専門家。株式会社みんなのコピー代表。

◎ 2002 年、ネット広告のベンチャー企業に入社して以来、大手 ADSL プロバイダーの見込み客リストを 10 万件以上獲得するなど、多くの WEB プロモーションを成功させる。独立後はセールスコピーライターとして、1,000 件以上の広告に携わり、総計 100 億円以上の売上に貢献。反応がシビアに計測される「レスポンス広告」の世界で、ネット・紙媒体を問わず、多くの案件を成功に導く。

◎なかでも「売りにくい商品を売ること」が得意で、学習塾、リフォーム、不動産、保険など、差別化が難しく、広告の反応が冷え切っている業界でも、クライアントの笑いが止まらない驚異的なレスポンスを叩きだす。

◎著書に『ポチらせる文章術』（ぱる出版）。2020 年、オンラインサロン『ポチらせる文章術 実践ラボ』を開設し、レスポンスアップに成功するメンバーが続出。変態的なまでに結果にこだわり、近年は、磨き続けたセールスコピーの技術を広める活動にも励む。

◎趣味は釣りとギター。

◎装丁　　　安賀裕子
◎イラスト　　山中正大

セールスコピー大全
見て、読んで、買ってもらえるコトバの作り方

2021 年 1 月 12 日	初版発行
2024 年 10 月 10 日	22 刷発行

著　者　　大　橋　一　慶
発行者　　和　田　智　明
発行所　　株式会社　ぱ る 出 版

〒 160-0011　東京都新宿区若葉 1-9-16
03 (3353) 2835 —代表　03 (3353) 2826 — FAX
03 (3353) 3679 — 編集
振替　東京　00100-3-131586
印刷・製本　中央精版印刷株式会社

ISBN978-4-8272-1261-7　C0030